PERSPECTIVAS POLÍTICAS
EDICIÓN INTERNACIONAL

LYNN-DARRELL BENDER

Publicaciones  Puertorriqueñas
editores

ISBN 978-1-62537-192-8

Producido en Puerto Rico

Editor: servicio@ppeditores.com
ANDRÉS PALOMARES

Directora de Arte y Diseño: evagotay@ppeditores.com
EVA GOTAY PASTRANA

Diseño de portada:
HENRY D'AZA

Impreso en:
Publicaciones Puertorriqueñas, Inc.
Calle Mayagüez 46
Hato Rey, Puerto Rico 00919
Tel. (787) 759-9673   Fax (787) 250-6498
www.ppeditores.com
servicio@ppeditores.com

NOTA ACLARATORIA

En este texto, se omite la repetición de las formas gramaticales del tipo el/la, los/las, un(as), niño(a), este(a), u otros, por las siguientes dos razones, una científica y otra práctica.

1. Estas formas son elementos clasificadores de la lengua y expresan género lingüístico femenino y masculino, clasificación que afecta a todos los sustantivos del español y que no debe identificarse con el género (macho/hembra) de los seres vivos.
2. La repetición de estas formas lingüísticas complica la lectura del texto, rompe la estética de la impresión y no beneficia la comprensión del mensaje.

La ausencia de estas repeticiones lingüísticas no debe interpretarse como crítica indirecta a quienes las practican, ni tampoco como signo de identificación con actitudes machistas de ningún tipo.

ÍNDICE

TERCERA PARTE
COMPORTAMIENTO POLÍTICO

CAPÍTULO 4

CAPÍTULO 5

CAPÍTULO 6

CAPITULO 7

PRÓLOGO

El presente es un trabajo introductorio destinado a ofrecer una visión general de la política en la vida social. Tiene como fin servir al estudiante neófito en la materia, quien frecuentemente retrocede ante la lectura de libros que, por la solemnidad de su presentación, pueden parecer demasiado formales o inaccesibles.

Así se facilita una loable misión didáctica, pero siempre a expensas del trato comprensivo y cabal de los temas presentados. El estudio de la política representa una vastísima empresa que nunca termina, porque no se trata de una "ciencia" que produce respuestas siempre claras e invariables. Refleja, al contrario, las realidades de la condición humana con todas sus limitaciones y contradicciones. Por eso, los que se dedican a su enseñanza deben buscar siempre la formación de una mentalidad consciente de que las alternativas en la política y en la vida social son fundamentalmente ambiguas: ninguna es totalmente buena y las demás malas. Es bueno tener ideales y obrar para alcanzarlos, pero habría que tolerar también el derecho que tienen otros para obrar en pro de sus ideales.

Los profesores que hasta la fecha han utilizado este libro como un texto lo consideran esencialmente un bosquejo rudimentario y casi siempre lo suplementan con otros materiales. Así debe ser. No obstante, algunos de ellos han demostrado un gran interés en colaborar conmigo para mejorar su contenido. Finalmente, expreso gratitud al personal de Publicaciones Puertorriqueñas, Inc. por su concienzuda dedicación a la siempre onerosa tarea que representa la publicación de un libro.

INTRODUCCIÓN

¿Qué es la política?

La política se distingue por ser el proceso por medio del cual se toman decisiones en una sociedad, la mismas impuestas por un gobierno que tiene el monopolio sobre el uso legítimo de la fuerza. La esencia de la política es el poder, y lo interesante es saber quién lo posee, o sea, saber quién gobierna, por qué medios, y para qué fines. El poder gubernamental afecta a todos. Por eso, el control de ese poder difícilmente puede verse con indiferencia. Algunos se dedican a estudiarlo sistemáticamente. Son los científicos políticos o politólogos.

Los seres humanos quieren sobrevivir y prospera. También las sociedades. A veces estos deseos entran en conflicto. Por consiguiente, el gobierno ha sido creado para que arbitre y equilibre las exigencias del individuo respecto a la sociedad y las de la sociedad respecto al individuo. El intento de regular las necesidades y las exigencias conflictivas de gran cantidad de personas para perpetuar una sociedad relativamente justa y armónica debería considerarse el objetivo principal de la política. Aristóteles, en realidad, dijo que el hombre era un «animal político». La palabra política viene del griego *polis*, que significa *ciudad*. El interés por los asuntos de la ciudad fue considerado por los atenienses como un honor y un deber. Atenas, en tanto sociedad democrática, presuponía ha existencia de ciudadanos libres, informados e interesados que participaban en los asuntos de la ciudad

Aunque parezca contradictorio, se puede decir que la ciencia política (o la politología) es a la vez la más antigua y la más joven de las ciencias sociales. Es la más antigua si incluimos en forma preponderante en la disciplina el pensamiento filosófico

sobre temas políticos, el cual florece ya —como señalado ante-
riormente-- en la época antigua en Grecia en obras como *La
república* de Platón y *La política* de Aristóteles. Por otro lado,
es también la más joven de las ciencias sociales en el sentido
de ser una disciplina que aplica el método científico al estudio
formal de los fenómenos políticos.

El estudio formal de la política

En términos generales, entonces, puede definirse la ciencia
política contemporánea como el estudio sistemático y formal
de las estructuras, procesos e instituciones relacionadas con la
obtención y la distribución del poder político. Pero dicho estudio no se limita exclusivamente al estado; se reconoce que la
ciencia política deberá estudiar las relaciones de poder en toda
institución o contexto social en que existan las relaciones de
poder, consistentes en unos seres humanos que mandan y otros
que obedecen. Esta misma definición implica que, como toda
disciplina del saber, la ciencia política incluye varios campos de
especialización dentro de la amplia gama de cuestiones y problemas que constituyen su materia de estudio. Esto no significa que
existan varias «ciencias políticas», sino simplemente que dentro
de la ciencia política como disciplina hay áreas de concentración
en las cuales los politólogos se interesan de acuerdo con sus
propias inclinaciones y destrezas.

Las áreas específicas en que se divide la ciencia política
pueden variar dependiendo de la tradición de la disciplina en
cada país o contexto universitario. Partiendo de esta aclaración,
se puede categorizar la disciplina en cinco ramas fundamentales, a saber:

•**Filosofía política.** Los departamentos de ciencia política de
las facultades de ciencias sociales de muchas universidades

han mantenido la filosofía política (a veces llamada teoría política o pensamiento político) en los programas de estudio como una herencia del énfasis fundamental de la disciplina en épocas anteriores. Antes de surgir el enfoque científico, los estudiosos de los problemas y fenómenos políticos lo hacían desde una perspectiva filosófica, tratando, por ejemplo, de buscar conocimientos sobre cuál sería el mejor sistema político para organizar las comunidades humanas o de especular sobre el origen del estado. Así, se estudiaban los trabajos normativos y especulativos—que hablaban más de lo que debía ser que de lo que existía empíricamente—de filósofos como Platón, Aristóteles, Cicerón, Marsilio de Padua, Maquiavelo, Hobbes, Rousseau, Locke, John Stuart Mill, Carlos Marx, etc. El estudio del pensamiento especulativo y normativo sobre asuntos políticos es todavía de interés hoy. De hecho, aunque el pensamiento político especulativo no es en sí científico, puede ser objeto de estudios científicos que nos permiten conocer cómo y por qué tales ideas políticas surgieron y qué impacto tuvieron sobre la política de la época. Aún más, uno de los aportes principales del campo de la filosofía política a la ciencia política contemporánea es el análisis de sistemas conceptuales que se encuentran en las obras filosóficas, los cuales pueden ser de utilidad en la formulación de hipótesis y teorías o de diseños de investigación empírica por parte de los politólogos que laboran en otras áreas de la disciplina. Aparte de esto, como cultura general, es importante que todo estudiante de la política conozca la historia del pensamiento político, por lo menos en el mundo occidental en que vivimos.

En cuanto al aspecto normativo del estudio de la política, existe una serie de planteamientos que a través de los siglos diferentes filósofos han contestado a la luz de sus respectivos valores personales y su visión particular del ser humano en la vida social. ¿Cuáles son algunos de estos planteamientos?

I. Naturaleza humana.
    A. ¿Cuáles son las características esenciales del hombre en cuanto hombre?
    B. ¿Qué efectos produce la naturaleza humana en el sistema político?

II. Origen de la sociedad y del gobierno o el estado.
    A. ¿Cuál es el origen de la sociedad? ¿Por qué se desarrolla?
    B. ¿Cuál es el origen del gobierno o estado? ¿Por qué se mantiene?

III. Obligaciones políticas (deberes, responsabilidades, leyes).
    A. ¿Por qué obedece el hombre al gobierno?
    B. ¿Por qué debe obedecer al gobierno?¿Tiene obligación de obedecer?
    C. ¿Es justificable la desobediencia en algunos casos?
    D. ¿Es justificable la revolución, en algunos casos?

IV. Libertad (derechos)
    A. ¿Es totalmente libre el hombre frente al estado?
    B. ¿Debería ser libre frente al estado?
    C. Suponiendo que sea posible y deseable algún tipo de libertad o de libertades, ¿cuáles son?¿Deberán tener alguna limitación, o por el contrario deberán ser ilimitadas? ¿Quién deberá establecer los límites?

V. Igualdad
    A. ¿Existe alguna forma de sociedad humana que preceda lógicamente o que esté por encima de los individuos que la componen?

B. ¿Debería existir alguna forma de sociedad humana que preceda lógicamente o sea superior a los individuos que la componen?

C. Si existe esa sociedad o debería existir, ¿cuáles son sus características?

VI. Poder (autoridad)

A. ¿Deberá un individuo o un grupo de individuos controlar, determinar, o dirigir las acciones de los demás?

B. En caso afirmativo, ¿qué forma adoptará el ejercicio del poder? ¿Será limitado o ilimitado? ¿Quién determina los límites y de qué modo?

VII. Justicia

A. Se supone generalmente que la justicia es deseable, pero ¿qué es? ¿Se trata de una justicia individual o social?

B. ¿Quién decide las características de la justicia? ¿Quién velará por su cumplimiento?

VIII. Finalidad de la sociedad o del estado

A. ¿Cuáles son los fines de la sociedad o del estado?

B. ¿Quiénes deciden estos fines? ¿Son elegidos conscientemente?

IX. Estructura del gobierno

A. ¿Cuál es la mejor forma posible de gobierno? Por qué?

B. ¿Existen varias formas de gobierno que gocen deigual validez?

¿En base a qué norma se puede decidir la validez? ¿Quién decide?

• **Política internacional.** Esta rama de la ciencia política analiza el sistema político internacional tanto en el presente como en su evolución histórica. Estudia, además, las relaciones de poder entre los estados en contextos regionales particulares. También, debido al impacto creciente que tienen en la política internacional las organizaciones internacionales, tanto gubernamentales como de auspicios privados, los estudiosos de la política internacional han ampliado sus marcos analíticos para incluir la compleja madeja de relaciones que se dan entre los estados y estas organizaciones internacionales. Por último, esta rama de la disciplina se interesa por el estudio de los procesos políticos que llevan a los conflictos bélicos y las posibles estrategias para evitar la guerra, así como por el estudio de la influencia que tienen los progresos en el derecho internacional sobre las relaciones entre los estados. En el campo de la política internacional se suelen distinguir varias áreas según el aspecto de las relaciones internacionales que el especialista en este campo decide privilegiar. El énfasis puede ponerse en los aspectos legales, diplomáticos, organizacionales o de teoría política que influyen en el sistema internacional. Algunos estudiosos de esta rama se concentran en el estudio de conflictos y su resolución. Además, las personas que se especializan en relaciones internacionales pueden sub-especializarse en un área regional particular como, por ejemplo, Europa o América Latina.

• **Sistemas políticos nacionales.** Otra rama de la ciencia política se refiere a la aplicación de los conocimientos y métodos propios de la disciplina a la política en su contexto nacional. En los Estados Unidos se han creado cursos sobre aspectos de *American Politics,* en Inglaterra sobre *British Politics,* en Francia sobre *Politique Française.* El curso de Gobierno de Los Estados Unidos pertenece a esta tradición. Durante las últimas décadas, con la influencia de la teoría de sistemas, el análisis de la política nacional de cada país se ha tornado más amplio y riguroso; se incluye no sólo el análisis de instituciones formales de gobierno, sino también de instituciones extra-gubernamentales. Por consiguiente, más que un enfoque meramente institucional, se ha llegado al funcionalismo que hace hincapié en el estudio de estructuras y procesos políticos y sus interrelaciones del país en cuestión. Los politólogos que se especializan en el estudio del sistema político nacional pueden escoger entre diferentes sub-especializaciones que van desde estudiar a fondo el desarrollo constitucional del país hasta concentrarse en estudiar el proceso legislativo o la cultura política nacional.

• **Política comparada.** El campo de la política comparada surge de la necesidad de estudiar no sólo los sistemas políticos de aquellos países desarrollados en que la ciencia política es más antigua y más evolucionada, sino también los sistemas políticos de otros países. Al principio, los cursos de política comparada se limitaban a comparar instituciones formales de países europeos y de los Estados Unidos para establecer diferencias y similitudes entre las diversas formas de gobierno y los tipos de regímenes políticos existentes. Hoy día, la política comparada, influida por la importancia creciente de los países del mundo subdesarrollado y por los enfoques teóricos más modernos, se ha dirigido a estudiar y a comparar, además, los procesos políticos complejos dentro y fuera del gobierno, y la política en países de África, Asia y América Latina. Por esta razón, la política comparada tiene como finalidad, actualmente, estudiar a fondo las estructuras y los procesos de diversos sistemas políticos (procesos legislativos, partidos políticos, grupos de presión, etc.) en un buen número de países para poder desarrollar poco a poco generalizaciones científicas sobre relaciones entre ciertas variables políticas, económicas, sociales y culturales. En el caso de la política comparada existen dos tipos de sub-especialización. Se puede seguir el enfoque de temas, y en este caso el especialista escoge algún tipo de estructura o proceso político—como, por ejemplo, partidos políticos, socialización política, etc—y estudia ese tema en forma comparada a través de varios sistemas políticos diferentes y similares. Por otro lado, hay también el enfoque por áreas geográficas en que el especialista se concentra en comparar sistemas políticos e instituciones y procesos políticos en el contexto particular de una región del mundo, como América Latina, África, los Estados Unidos y el Canadá o Europa.

• **Teoría política empírica.** Como una concentración de la ciencia política, la teoría política empírica se interesa en conocimientos fundamentales sobre diversos métodos y técnicas de investigación, el análisis de datos y de comprobación de hipótesis, y el desarrollo de teorías en su aplicación al estudio científico o formal de la política. Esta rama trata de producir especialistas en ciencia política interesados en llevar a cabo investigación empírica sobre estructuras y procesos políticos concretos, y en adquirir los conocimientos que los capaciten para ello. Como puede notarse, la ciencia política es hoy una disciplina académica con un alto grado de especialización. Por supuesto, para no perder la perspectiva y estar capacitados para elaborar teorías generales (o al menos de mediana generalidad), es preciso que algunos politólogos se dediquen a hacer labor de resumen basada en los descubrimientos que hacen los diversos especialistas en los distintos campos de especialización. Sólo así se llegará a tener un conocimiento científico bien integrado.

Es obvio que la mayoría de los seres humanos siempre han preferido una vida gregaria. Desde tiempos inmemoriales se han reunido en sociedades con el fin de satisfacer sus deseos y necesidades más eficazmente. Sin embargo, dentro de la vida social, no han podido dejarse sin guía o reglamentación, debido fundamentalmente a los inevitables conflictos entre sus metas y valores individuales. Esto ha hecho necesario un modo para determinar perentoriamente tanto las normas que regirán como el uso de los recursos existentes en la sociedad. Estas tareas, de hecho, representan los principales fines de todo sistema político—democrático, dictatorial, moderno o primitivo.

Conviene destacar aquí la importancia del derecho en el ordenamiento de la vida social. Como la familia, la religión, el mercado y la política, el derecho es una de las instituciones humanas universales, encontrada en todas partes a través del tiempo y en todas las culturas. Es, a la vez, parte integral y producto de la sociedad en la que existe, pues siempre tiene sus raíces en los valores y en los supuestos filosóficos que allí prevalecen. De modo que, el derecho es mucho más que ciertas «reglas» que condicionan el comportamiento humano: refleja un cuerpo de valores y perspectivas presentes en una sociedad determinada que son generalmente compartidos. Por esta razón, lo verdaderamente pertinente son las políticas sociales que determinan y sostienen las «normas» que cada sociedad impone para regular las relaciones entre las instituciones sociales y los individuos que componen dicha comunidad y entre los individuos mismos. Existe, pues, una estrecha relación entre lo político y lo legal, y por esta misma razón ningún sistema de derecho es igual a otro. Tampoco lo son los sistemas particulares dentro de la misma tradición. Los conflictos surgen en la vida social a consecuencia de la imposibilidad de lograr un acuerdo completo sobre los valores que deben prevalecer en ella. (Los valores representan el conjunto de deseos que tienen los miembros de un sistema político en un momento dado a través del tiempo.) Los conflictos se manifiestan en diferentes formas—desde la simple discusión hasta el empleo de la fuerza. El problema consiste en cómo resolverlos, lo cual ineludiblemente plantea la cuestión de la existencia del poder político. Dicho poder existe en todo sistema político y sirve como el elemento que utiliza el individuo o el grupo en la prosecución de sus valores particulares.

Prácticamente todas las filosofías políticas aceptan la idea de que el conflicto representa un fenómeno omnipresente en la vida social. Se diferencian en su conceptualización de cómo el mismo debe arbitrarse sin recurrir a la violencia. Para buscar el consenso deseado, las alternativas autoritarias preconizan la supresión total del conflicto mediante la imposición del poder del estado; la democracia, en cambio, trata de canalizarlo a través de una competencia pacífica y jurídicamente normada. Por esta razón, la pugna perenne de la política gira en torno a las decisiones que toman los seres humanos sobre las circunstancias en que viven y quién exactamente debe participar en su elaboración.

Todo individuo del mundo moderno es súbdito de un estado, y en todos estos estados encontramos que siempre hay un gran número de personas obedeciendo a un pequeño número de otras personas. Esta diferenciación entre «gobernados» y «gobernantes» constituye el hecho político fundamental, independientemente de otras características que varían drásticamente entre sociedades. Además, no podemos suponer que los seres humanos deben ser gobernados siempre por su propio consentimiento. De hecho, la historia demuestra un evidente proceso de ampliación y centralización de los medios de poder en grupos de élites que lo ejercen sin consultar a los que carecen de los mismos medios. En la actualidad, la vasta mayoría de los países nominalmente independientes no pueden calificarse como verdaderas democracias de tipo occidental.

La democracia de tipo occidental se caracteriza por la participación del pueblo en la determinación de la política pública dentro de un sistema representativo en que se elige un gobierno mediante el ejercicio del sufragio universal. En esta clase de régimen político, si el pueblo cree que sus líderes cometen errores, pueden reemplazarlos. La opinión de la mayoría determina fundamentalmente el destino de la sociedad, y la tarea esencial del político consiste en tratar de lograr tal visión particular de este futuro. Por otra parte, si los que están en el poder se convencen de que poseen la verdad absoluta, los mismos, tarde o temprano, empezarán a creer que también tienen el derecho y la obligación de imponer su visión política por cualquier medio disponible—sin importar lo que piense el pueblo, o peor aún, tratando de que el pueblo deje de pensar completamente. De esta manera han actuado casi todos los grupos o individuos gobernantes a través de los tiempos. Lo realmente atípico en la historia es un auténtico respeto por el pluralismo político—la verdadera esencia de la democracia.

La influencia corruptora del poder confirma la ya clásica observación de Lord Acton de que el poder tiende a corromper absolutamente. Así mismo, hay que reconocer que el poder de tomar decisiones, ya con consecuencias inclusive internacionales, se está sentando en instituciones políticas, económicas y militares que más y más moldean otras áreas de la sociedad a sus imperativos. Este triángulo del poder, bajo el control de grupos limitadísimos de personas, constituye un gran peligro para la supervivencia de sociedades libres basadas en verdaderos principios democráticos, así como de la misma raza humana.

PRIMERA PARTE

FUNDAMENTOS POLÍTICOS

CAPÍTULO 1

Algunos Conceptos Políticos Básicos

TÉRMINOS Y CONCEPTOS CLAVES
• Gobierno • Estado • Nación • Soberanía de jure y de facto • Constitución • Constitucionalismo • Poder político sustantivo y relativo • Autoridad legal, tradicional, carismática, coactiva

Debemos hacer primeramente una aclaración importante: formas de estado y formas de gobierno no son lo mismo. Es verdad que en épocas antiguas la persona o la institución gobernante era la parte más importante, y por esta razón se llegó a confundir estado y gobierno. Actualmente, sin embargo, se separa claramente el estado del gobierno.

•**Gobierno**. El gobierno no debe ser confundido con el «estado», aunque algunos, sobre todo en idioma inglés, empleen ambos vocablos como equivalentes. Es solo parte del estado: se refiere específicamente a la organización que tiene a su cargo la conducción de la sociedad. El gobierno es el «ejercicio» del poder del estado. Está constituido por aquellos que, como representantes o funcionarios, hacen y obligan a cumplir las leyes por medio del conjunto existente de «órganos» gubernamentales. Es en este sentido amplio de la palabra que se puede referir al gobierno en plural (v.g.: órganos del gobierno, poderes del gobierno, funciones del gobierno).

•**Estado**. El estado representa, en cambio, la unidad total—pueblo y gobierno a la vez. El estado es el recinto del poder, el único centro que no está sometido a obediencia alguna. El concepto es

2

de carácter jurídico-legal y tiene que ver con la forma en que un grupo humano se organiza, bajo instituciones políticas comunes, un gobierno efectivo y ciudadanía. Formalmente hablando, el mismo consta de (1) una comunidad de personas que (2) ocupan un territorio más o menos delimitado bajo (3) un gobierno que goza de (4) poder soberano (5) reconocido como tal por otros estados que ya componen el sistema político internacional. Dicho de otro modo: el estado es un grupo de personas organizadas conforme a las condiciones mínimas anteriormente puntualizadas.

• **Nación**. Es muy común el uso intercambiable de los vocablos estado y nación, pero no son sinónimos. El concepto nación es de carácter sociológico-cultural. Se refiere a un grupo étnico consciente de sí mismo que comparte costumbres, manera de ser, visión de vida, sentimientos, y emociones que producen un sentido de homogeneidad. Una nación, por consiguiente, consiste en una comunidad de personas que, además de ocupar—normalmente—un territorio definido, comparten unos rasgos culturales tan singulares que tanto ellas como otras personas ajenas las consideran un pueblo distinto. Un idioma común constituye, generalmente, uno de estos rasgos. Algunos estados contienen dentro de sus fronteras dos o más naciones, como Canadá, Bélgica y Rusia. Por otro lado, los miembros de una nación pueden igualmente estar diseminados entre dos o más estados, como es el caso de los vascos cuya «área nacional» cubre parte de España y Francia.

•**Soberanía**. Una característica del estado es la soberanía que, en términos legales, se define como el poder supremo del estado. El filósofo francés Jean Bodin (1530-1596) tiene que ver con la primera definición clara de este concepto. En tiempos modernos, tal autoridad última se ha transferido simbólicamente al pueblo.

Pero como es difícil que el pueblo gobierne en conjunto, a menos que se trate de pequeñas agrupaciones, la soberanía queda en manos de gobiernos que actúan en nombre de su pueblo. En los estados organizados democráticamente, se entiende que el pueblo controlará las acciones del gobierno y que, en última instancia, se rebelará si éste viola este acuerdo tácito.

Debe hacerse una distinción útil entre la soberanía interna y la externa:

• *Soberanía interna. En su aspecto interno se refiere al derecho de gobernar, lo que es de jure cuando los gobernantes ocupan sus cargos de acuerdo con algún procedimiento establecido y de facto si, por el contrario, asumen dichos cargos de mando mediante algún modo excepcional, como un golpe de estado o una revolución. En un caso se basa en la ley y en el otro en la fuerza. No obstante, la soberanía en sí no implica necesariamente la entrega de un poder absoluto al gobierno del estado. En los países libres, como ya se ha señalado, la soberanía pertenece al pueblo, el cual delega sólo algunos de los poderes al gobierno.*

• *Soberanía externa. En su aspecto externo tiene que ver con el reconocimiento de la independencia, de la integridad territorial y de la inviolabilidad del estado en el plano internacional. El jurista holandés Hugo Grotius (1583-1645), a quien se conoce como uno de los fundadores del derecho internacional, definió la soberanía como «ese poder cuyos actos no están sometidos al control de otro». Así definida, la soberanía se ha convertido en la piedra angular del sistema internacional moderno, donde el poder y la autoridad siguen decididamente divididos y descentralizados.*

La soberanía es la capacidad que tiene un estado de controlar sus asuntos internos y, en sus asuntos externos, tener la posibilidad de entrar en alianzas o de ir a la guerra si eso conviene a sus intereses. En la práctica, sin embargo, las realidades de la política internacional siempre han intervenido para limitar grandemente la capacidad que tienen los estados de obrar sin restricciones. De hecho, el complejo de lazos de interdependencia resalta muy dramáticamente lo absurdo de cualquier tentativa de atribuirle al vocablo soberanía alguna noción de libertad absoluta.

•**Constitución y constitucionalismo.** Todos los gobiernos modernos operan bajo alguna «constitución» que manifiestamente distribuye poderes y responsabilidades. Pero no está siempre claro si lo que se *hace* conforma con lo que en la constitución se *dice.*

Desde los primeros tiempos, las gentes han creído conveniente o necesario establecer los principios fundamentales por los que su gobierno debe establecerse y conducirse. Pero esta selección o conjunto de principios no se denomina comúnmente constitución hasta la época de la revolución norteamericana y de la revolución francesa a fines del siglo XVIII. Dichos principios constituyen «la ley fundamental» y reflejan una solución al problema de establecer la autoridad pública y determinar sus límites. Pero la constitución norteamericana, adoptada en 1789, es excepcional por su larga vigencia. La mayoría de las constituciones nacionales actuales datan de 1970 en adelante, y sólo existían quince antes de la Segunda Guerra Mundial. Desde el siglo pasado han sobrevivido únicamente cuatro adicionales: Noruega (1814), Argentina (1853), Luxemburgo (1868) y Colombia (1886).

Todo gobierno tiene que tener ciertos poderes, pero sus actividades deben limitarse también para no infringir los derechos de los ciudadanos como individuos. El balance entre los poderes del gobierno y los derechos individuales, entre el bienestar de la mayoría y los derechos de la minoría, es difícil. Es obvio que los gobiernos necesitan ciertas directrices para determinar tal balance. Estas provienen de tradiciones, leyes y constituciones. Para la mayor parte de los países, la constitución es una selección de normas legales articuladas en un documento que regulan el gobierno del país. En un sentido más amplio, sin embargo, también pueden considerarse «constituciones» los usos, acuerdos, costumbres y convenciones que no son menos efectivos en la regulación del gobierno. De hecho, lo que constituye una constitución de Gran Bretaña, Nueva Zelandia e Israel no es un solo documento, sino una serie de leyes básicas y tradicionales. En Arabia Saudita y Omán, el Corán, (el libro sagrado de su religión), sirve también como la ley fundamental de sus sociedades.

Toda constitución consta de cuatro partes fundamentales, a saber:

- *Una parte doctrinal o la expresión de los ideales de un pueblo.*
- *Una parte orgánica donde se estructura la gobernación del estado.*
- *Una declaración de derechos.*
- *Una cláusula de reforma en la que se dispone la forma en que la propia constitución podrá ser modificada en el futuro.*

Cuando las autoridades gubernamentales están obligadas a seguir normas y procedimientos regularizados, el régimen resultante es conocido como *gobierno constitucional.* Esta necesidad de regularización no tiene que ser forzosamente por escrito, puesto que ciertas prácticas acreditadas por larga tradición han demostrado que son de tanto valor para regularizar acciones humanas como un contrato escrito. La alternativa es el poder arbitrario, un sistema en el cual los que están en el poder son libres de dictar las reglas a su antojo y cambiarlas tan frecuentemente como les plazca. Por esta razón, la principal particularidad de la democracia moderna consiste en que las acciones de los líderes políticos están constitucionalmente limitadas. De hecho, las democracias contemporáneas nacieron entrañablemente unidas al concepto del *constitucionalismo:* la idea de que tiene que haber una limitación sobre la voluntad y el poder de los gobernantes y las mayorías mediante un sistema de controles. Conviene, pues, distinguir entre los vocablos *constitución y constitucionalismo:*

- **Constitución.** *Es la acción de indicar, normalmente por escrito, las líneas principales de un sistema de gobierno.*

- **Constitucionalismo.** *Se refiere a la manera en que el poder del gobierno está limitado para garantizar el respeto a los derechos individuales, tales como la libertad de expresión, de religión, de reunión—de modo que no sean violados arbitrariamente por el gobierno mismo o por otros grupos (incluso la «mayoría») hostiles.*

Son pocos los estados en el mundo de hoy cuyos gobiernos actúan con la debida consideración a las limitaciones que les impone su constitución en el sentido de constitucionalismo. Y sólo en estos estados puede decirse que existe, verdaderamente, *gobierno constitucional.* Hay que reconocer, entonces, que aunque casi todos los países tienen una constitución, en un buen número de ellos, ésta es menos apreciada. En efecto, ahora en el siglo XXI, la mayor parte de la población mundial aún vive bajo sistemas de gobierno en que el poder gubernamental (particularmente el ejecutivo) se mira con mayor «respeto» o miedo que la constitución.

•**El poder político.** La política es el mundo de quienes procuran obtener, retener o ejercitar el poder. El poder es uno de los conceptos centrales de la política; sin embargo, no es fácil definirlo con precisión. Definitivamente no es el equivalente de *fuerza,* o el uso directo de la violencia. Es algo más amplio que no sólo incluye la amenaza o el empleo de la fuerza, sino también formas de persuasión no violentas como las recompensas económicas, los actos de cooperación y la solidaridad ideológica. Por esta razón, si algunas veces podemos decir u observar que una persona, grupo, o país es más poderoso que otro, no somos capaces de medir con exactitud tal poderío. Las confusas características que presenta el poder como hecho social obligan a que se estudie desde dos perspectivas básicas. La tesis *sustantiva* estima al poder como una sustancia, a la manera de un bien que se pudiera poseer. En cambio, la tesis *relativa* parte de la idea de que el poder es una relación entre personas basada en una capacidad de controlar el comportamiento para alcanzar ciertos fines.

- **Poder político sustantivo:** tiene, a su vez, dos aspectos: poder material y poder formal. Como algo material es, por ejemplo, cuando se habla del «poder» de un país determinado—sus recursos naturales, poderío militar, población, nivel tecnológico, etc.—que representa una serie de elementos concretos que afectan la posibilidad de influir en el juego político. El poder formal significa la capacidad legal para ejercerlo, cuando, por ejemplo, se es elegido para un cargo político y se reciben con él ciertos poderes de decisión. (La efectividad de dichos poderes puede, sin embargo, aumentarse o disminuirse según la habilidad o pericia del incumbente.)

- **Poder político relativo:** es poder como «coacción» física, económica, o psíquica—o la capacidad de «A» de lograr que «B» actúe de acuerdo con sus deseos,

aun en el caso de que «B» no quisiera, verdaderamente, hacerlo. Muchas veces la persuasión pacífica
puede ser más efectiva que la amenaza o el empleo
directo de la violencia. De hecho, el poder político relativo puede concebirse más bien como «influencia»—la
capacidad de influir sobre el comportamiento ajeno.
El afamado politólogo Hans Morgenthau se arriesgó a definir
la política (tanto nacional como internacional) como la lucha por
el poder, y sus pensamientos sobre este particular merecen estu-
diarse con detenimiento:

*El poder político es una relación psicológica entre los que lo
ejercen y aquellos sobre los cuales se ejerce. Da a los primeros
el control sobre ciertos actos de los últimos mediante la influencia que los primeros ejercen sobre las mentes de los últimos. Esa
influencia puede ser ejercida a través de órdenes, amenazas,
persuasión o una mezcla de todas ellas. El presidente de los
Estados Unidos, por ejemplo, ejerce el poder político sobre la
rama ejecutiva del gobierno en la medida en que los miembros
de esa rama obedezcan sus órdenes. El jefe de un partido tiene
poder político en la medida en que sea capaz de ajustar la acción
de los miembros del partido a su voluntad. Hablamos del poder
político de un industrial, de un dirigente laboral, del agente de un
grupo de presión en la medida en que sus preferencias influyan
en la acción de otros hombres. Los Estados Unidos ejerce un
poder político sobre Puerto Rico en la medida en que las leyes
de los Estados Unidos sean respetadas por los ciudadanos de
esa isla. Cuando hablamos del poder político de los Estados
Unidos en América Central, pensamos en la conformidad de las
acciones de los gobiernos centroamericanos con los deseos del
gobierno de los Estados Unidos. Así, pues, la proposición de que
A tiene o desea tener un poder político sobre B significa siempre*

que A es capaz o desea ser capaz de controlar ciertos actos de B, influyendo sobre las ideas de B.[1]

Desde una perspectiva analítica, quizás lo único que puede decirse con certeza es que ambas tesis son igualmente válidas en el sentido de que el poder es, en cierta medida, una posesión y también una relación. Demuestra, además, otra dualidad en la realidad de la vida política: un aspecto coactivo y otro consensual. En una sociedad democrática el poder político se edifica sobre un consenso general, y se espera que sea rara la necesidad de recurrir a la fuerza. Por otra parte, el aspecto más conspicuo de la sociedad totalitaria es precisamente el uso constante de la coacción física. Cuando un sistema democrático comienza a depender de la coacción para determinar y ejecutar las decisiones políticas, está sembrando las semillas de su propia destrucción.

• **La autoridad** La autoridad es algo que acompaña el poder, haciéndolo más sólido y efectivo. El origen de la palabra es latino, *auctoritas,* que, a su vez, se asocia con una institución política concreta—el Senado romano. La palabra «senado» en cambio, se deriva de *senex,* o anciano, puesto que el mismo estaba compuesto por ancianos: unos señores respetables de la comunidad quienes desempeñaban el papel de asesores.

Los ciudadanos de Roma se congregaban en sus asambleas populares para tomar sus decisiones políticas. Pero las preferencias populares no bastaban: era necesario saber si éstas estaban en conformidad con las tradiciones de la comunidad y los deseos de sus dioses. Esto lo decidía el Senado (se parece a la función del Tribunal Supremo de Puerto Rico o los Estados Unidos cuando determinan si una ley está de acuerdo o no con

---

[1] Hans J. Morgenthau, *Politics Among Nations,* (2 ed.), Nueva York: Alfred A. Knopf, Inc., 1954 págs. 26-27.

la Constitución). Afirmada la decisión popular, la ley adquiría *auctoritas,* o sea, legitimidad.

La naturaleza del poder se mide según el tipo de obediencia que promueve. Desde la pura fuerza, que no es poder político, el mando se fortalece con la adquisición del consentimiento voluntario. Existe la «coacción»: el poder que se ejerce por temor. En este caso, quien obedece lo hace para evitar un mal mayor. Pero cuando el sujeto no obedece sólo por temor, sino porque encuentra algún valor positivo en quien manda, cuando cree que quien lo manda tiene título para hacerlo, salimos de la coacción para ingresar a la «autoridad». La autoridad otorga al gobernante un poder más efectivo y, a la vez, menos coactivo. En la autoridad está, también, la base del estado. La base, porque el estado, en lugar de cimentarse sobre la policía y la coacción, descansa sobre un elemento más estable y duradero: la legitimidad. Cuanto menor es la legitimidad de un régimen político, mayor coacción necesita para lograr la obediencia, y por lo tanto, menor es la libertad que puede asegurar. En un régimen investido de autoridad, por el contrario, no se manda ni se obedece porque se quiere mandar y obedecer, sino porque se «cree» que se debe mandar u obedecer. El poder político más efectivo viene siempre aparejado a tal creencia.

En la política actual hay incrementos y declinaciones de la autoridad que tienen los gobernantes. Sin autoridad, por ejemplo, la tarea de gobernar se torna extremadamente difícil—hasta imposible. Veamos, pues, las cuatro principales fuentes de autoridad política:

• **Autoridad legal o racional:** se basa en leyes impersonales, reglas formales y constitucionales. El líder gobierna porque el sistema le asigna este papel—algo que el sistema también le puede quitar. Se asocia con sociedades modernas democráticas.

• **Autoridad tradicional:** se basa en tradiciones, herencias y prácticas. El líder tiene autoridad porque la tradición le asigna este papel—algo que resulta más difícil de perder. Se asocia con sociedades primitivas.

• **Autoridad carismática:** se basa en las dotes personales del individuo que asume el papel de líder. Este tiene la capacidad de atraer la lealtad del pueblo mediante el magnetismo de su personalidad. Ejemplos: Mao Tse-tung, Adolfo Hitler, Fidel Castro, John F. Kennedy, Luis Muñoz Marín.

• **Autoridad coactiva:** se basa en el empleo directo o la amenaza del uso de la violencia. El líder puede imponer sus decisiones porque el pueblo le tiene miedo. Se asocia especialmente con toda clase de gobierno dictatorial. Ejemplos: Trujillo, Pinochet, Duvalier, Somoza.

La democracia, obviamente, no excluye el liderazgo político que acompaña la autoridad; lo necesita. Un líder democrático es maestro de su pueblo. Conduce a su pueblo con la palabra edificante, sin el látigo o con gestos demagógicos. Es, como dice José Figueres, ex-presidente de Costa Rica:

Los líderes y la opinión pública deben cultivar el sentido de la responsabilidad. Quien busca favor político mediante la expresión de errores populares, quien no es educador, quien es más conducido que conductor, no es líder: es un parásito de la política.[1]

---

[1] *Opiniones Latinoamericanas,* abril de 1979, pág. 11.

CAPÍTULO 2

El hecho político fundamental

TÉRMINOS Y CONCEPTOS CLAVES

• Clasificaciones de regímenes políticos:
  - Platón, Aristóteles, Maquiavelo, Montesquieu,
    tiranía-oligarquía/democracia-oligarquía
• Pluralismo político
• Estructuras de gobierno: unitario,
  - confederativo, federativo
  - parlamentarismo, presidencialismo
• Ideologías políticas: individualistas, colectivistas

El hecho político fundamental es que en toda sociedad humana hay un grupo pequeño (o individuo) que manda y otro más numeroso que obedece. Sin embargo, este hecho viene condicionado por tres circunstancias esenciales, a saber: (1) ¿quién manda? (2) ¿cómo manda? (3) ¿para qué manda?

¿Quién manda?

Dentro de la primera circunstancia se dilucidan las personas, grupos o fuerzas que llevan a cabo la labor de gobernar. El gran filósofo ateniense Platón, en su diálogo *La República*, se refiere a los diversos gobiernos los cuales, a su modo de ver, iban evolucionando de formas más perfectas a una situación de decadencia. El gobierno mejor y más perfecto era la «aristocracia», o gobierno de los hombres más sabios, capaces de gobernar de acuerdo con el ideal de la justicia; venía luego la «timocracia», o gobierno de clases, que ya no se inspiraba en la justicia sino en un sentimiento de gloria y honor; más adelante aparecía la «oligarquía», cuando los propietarios adquirían el poder político; seguidamente figuraba la «democracia», como consecuencia de la emancipación de las masas; y como último paso en este proceso degenerativo venía la «tiranía», que suponía la presencia de un gobierno fuerte, capaz de sofocar las rebeliones y disensiones de las masas. Platón fue, decididamente, un adversario de la democracia.

Su estudiante, Aristóteles, también se interesó en las formas de gobierno, pero sólo después de recoger un abundante material empírico mediante la observación y el estudio de las constituciones de más de ciento cincuenta ciudades-estados griegas. De dicho estudio, formuló en *La política* su ya célebre clasificación de los regímenes políticos, posiblemente la más famosa y difundida. La clasificación de Aristóteles obedece a un criterio bifacético, es decir, a un doble punto de vista. De acuerdo con el primero, o sea con la «finalidad» del gobierno, las formas se clasifican en «puras» o justas, e «impuras» o injustas, dependiendo de si el gobernante ejerza el poder en beneficio general («bien común») o en beneficio propio («beneficio del gobernante»). De acuerdo con el segundo, o sea con el número de gobernantes, hay tres categorías: uno, pocos o muchos. Las formas «puras» se clasifican en «monarquía», «aristocracia» y *politeia* («democracia», atendiendo al sentido actual del vocablo), y las «impuras» en «tiranía», «oligarquía» y «democracia» («demagogia», atendiendo al sentido actual del vocablo). Señalaba Aristóteles, además, que las formas «impuras» resultaban de la corrupción o la degeneración de las correlativas formas «puras».

Clasificación de Aristóteles		
finalidad del gobierno	bien común	beneficio del gobernante
número de gobernantes		
uno	monarquía	tiranía
pocos	aristocracia	oligarquía
muchos	politeia (democracia)	democracia (demagogia)

Esta clasificación, obviamente, contesta a una sola de las tres variables que condicionan el hecho político fundamental: ¿Quién ejerce el mando? En el caso de la *politeia*, los que ejercían el mando eran unas *élites* quienes, sin embargo, sostenían un sistema de gobierno que actualmente denominaríamos *constitucional*—siguiendo unos procesos establecidos con ciertas protecciones para las minorías e individuos. Aristóteles pensaba que tal sistema representaba un término medio entre las tendencias de corrupción por parte de los pocos y las pasiones de los muchos. Señaló, además, que era condición necesaria que la clase media fuera más numerosa, pues si «los pobres constituyesen una mayoría abrumadora, surgirían disturbios, y el estado pronto se desmoronaría».

Tenía Atenas, en la época de Aristóteles, aproximadamente 300,000 habitantes de los cuales 230,000 eran esclavos—un hecho que representa el gran borrón de su civilización. Existía, pues, la paradoja de Atenas, cuna de las libertades, plataforma de la democracia directa, donde el hombre vivía sin dualismo entre el estado e individuo, con más de dos terceras partes de su población esclavizada. El factor socioeconómico es aún de gran importancia. Sin duda, la composición social de una nación y el nivel de vida y educación de sus integrantes son elementos que influyen grandemente sobre el buen o mal resultado de un régimen democrático.

En tiempos más recientes encontramos algunas interesantes variaciones al modelo clásico. Maquiavelo, por ejemplo, en su obra *El Príncipe*, establece una clasificación bipartita de las formas de gobierno, o sea, entre «principados» y «repúblicas» que otros pensadores transformaron posteriormente en «monarquía» (gobierno de uno solo) y «república» (gobierno en el cual el jefe de estado es designado por elección popular). Montesquieu, en su bien conocido libro *El espíritu de las leyes*, propone otra clasificación. Para el escritor francés todo tipo de gobierno podía clasificarse en: «república», cuando todo el pueblo, o al menos gran parte de él, ejerce el mando supremo; «monarquía», cuando gobierna uno solo, pero de acuerdo con leyes fijas y conocidas; «despotismo», cuando también manda una sola persona o grupo, pero sin sujeción a leyes fijas y conocidas, es decir, manda de manera arbitraria.

Una clasificación de gobiernos modernos

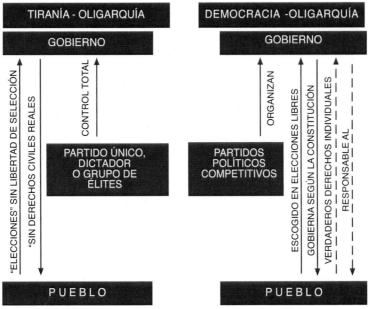

Reducido a lo más fundamental, puede decirse que existen dos formas básicas de gobierno en la realidad de hoy: la «tiranía-oligarquía» y la «democracia-oligarquía». En el primer caso, gobierna un solo hombre rodeado de un grupo de élites que, bien afianzados en el poder, aseguran su propia sucesión; en el segundo, manda también un grupo de élites, pero ellos, en contraste, son escogidos por la mayoría de la comunidad y no necesariamente se suceden entre sí. La forma más usual de la democracia-oligarquía es la democracia representativa, que consiste en el gobierno de una oligarquía electiva. En este caso, el pueblo no gobierna directamente, sino que elige a quienes han de gobernar: «los muchos»—el principio democrático—designan a «los pocos»—el principio oligárquico—que son, en definitiva, quienes gobiernan. El gobierno de la oligarquía creada por el sistema de representación democrática opera dentro de un límite de tiempo en el poder: pasado un lapso variable, según los sistemas, la mayoría del pueblo elegirá a una nueva oligarquía o confirmará a la existente.

En las tiranías-oligarquías, los que están en el poder pretenden ser los intérpretes de la voluntad popular y representantes del pueblo. Pero no son elegidos mediante las urnas y tratan a toda costa de permanecer en el poder mientras las circunstancias lo permitan. Casi siempre llega a dominar un solo hombre dentro de «los pocos»: el más fuerte entre los fuertes se queda con el poder.

El régimen demócratico-oligárquico supone que el pueblo participa del poder. Por el contrario, en el régimen tiránico-oligárquico las decisiones vienen desde arriba sin ninguna consulta con el pueblo. Otra diferencia gira en torno a la división interna de poder político. En el régimen representativo dichos poderes son divididos entre sí: unos hacen las leyes, otros las ejecutan, y otros más las aplican, o sea: legislación, ejecución y justicia están en manos diferentes. Los regímenes autoritarios, en cambio, procuran concentrar el poder político, el cual no está sometido a frenos, divisiones o contrapesos. Finalmente, en la democracia representativa tanto el gobierno como el mismo pueblo viven bajo un sistema de ley que regula el funcionamiento y la renovación de los poderes establecidos del sistema político. La ley desempeña en los regímenes autoritarios el papel de un instrumento de dominación en manos de quienes detentan el poder.

El problema de quién gobierna en la sociedad ha persistido a través de los siglos. Naturalmente, los antiguos mostraban una marcada tendencia a verlo más bien en términos morales: ¿Cómo justificar el hecho de que existe un pequeño grupo que manda y otro más numeroso que obedece? Los modernos siguen especulando en torno a este planteamiento, pero piensan que primero hay que averiguar empíricamente quién de veras está en el poder.

Sin embargo, las averiguaciones empíricas no son menos difíciles que las normativas. Aun para los Estados Unidos hay poca concordancia de opinión sobre exactamente quién manda. El sociólogo C. Wright Mills, por ejemplo, causó una gran perturbación cuando en su libro *The Power Elite* (1956) aseveró que en los Estados Unidos mandaba una *élite* relativamente pequeña compuesta por líderes políticos, importantes empresarios, y los más altos oficiales militares—una especie de «complejo industrial-militar». Como era de esperarse, el análisis provocó considerable controversia. Por un lado, los marxistas lo criticaron severamente por su timidez al no identificar a dicha *élite* como la tradicional clase gobernante, dueña de los medios de producción. Por otro lado, destacados científicos sociales, como Talcott Parsons, David Riesman, Daniel Bell y Robert A. Dahl), lo denunciaban como falso e incompleto, negando que tal *élite* pudiera existir en una sociedad eminentemente pluralista como la de los Estados Unidos.

Para el segundo grupo, en los Estados Unidos el liderato político no lo ejerce una pequeña minoría con dinero y alta posición social, sino diferentes combinaciones o alianzas de líderes que varían según el efecto que tiene una cuestión política determinada sobre las respectivas agrupaciones que encabezan. En la opinión de Dahl, por ejemplo, la única evidencia inequívoca de dominio es cuando el mismo grupo logra imponerse consistentemente sobre la oposición—algo que las otras teorías no pueden comprobar que sucede en los Estados Unidos. Esta interpretación, conocida como *pluralismo*, aún goza de gran aceptación. Su veracidad, sin embargo, tampoco puede ser comprobada a cabalidad.

En un famoso estudio publicado en 1911, Robert Michels señalaba el peligro de la creación de oligarquías dentro del sistema político, independientemente del tipo de que se trate. Michels formuló lo que se conoce como la «ley de hierro de las oligarquías», según la cual es una característica de la sociedad moderna que en toda organización social el poder real es monopolizado y se encuentra concentrado en unas cuantas personas selectas, en detrimento de quienes constituyen la base de la organización. A fin de cuentas, la pregunta esencial sigue consistiendo en saber quién detenta el poder en una sociedad determinada. ¿Es el pueblo el que ejerce el poder por medio de los mecanismos democráticos, o son más bien los grupos de poder económico y social, al margen del centro formal de decisiones?

¿Cómo manda?

La segunda variable plantea el problema de cuál es la esfera de acción de los gobernantes respecto a los gobernados, y cómo se organizan las relaciones de poder a través de las cuales aquéllos rigen a éstos. Se trata de diferentes estructuras de gobierno que se diferencian según la distribución de poder político. Por la distribución *vertical*, hay tres tipos básicos: gobierno unitario, confederativo y federativo. En cuanto a la distribución *horizontal* existen dos adicionales: parlamentarismo y presidencialismo.

•**Gobierno unitario.** La estructura unitaria de gobierno significa que toda autoridad gubernamental se concentra a nivel central o nacional. En este caso, los gobiernos territoriales ejercen únicamente los poderes que les son delegados por parte del gobierno central. Francia encarna el ejemplo clásico de este tipo de estructura política. Puerto Rico sigue la tradición española de tener un sistema de gobierno muy centralizado. La Constitución actual del Estado Libre Asociado asigna poderes y autoridad sólo al gobierno insular en San Juan. Los gobiernos municipales son, por consiguiente, «creaciones» del gobierno central formados básicamente por conveniencia administrativa.

• **Gobierno confederativo.** Una confederación representa la estructura justamente opuesta a la de gobierno unitario. Aquí el pueblo entrega el poder a sus gobiernos territoriales, los cuales, a su vez, delegan algunas responsabilidades al gobierno central. Las confederaciones surgen generalmente mediante tratados entre dos o más estados independientes que convienen en tener algún órgano colegiado común que los represente internacionalmente, pero sin menoscabo de la soberanía interior de cada uno de los integrantes. Los estados que forman la confederación quedan libres de separarse de ella y, dentro de los límites de los tratados celebrados, de llevar adelante su propia política internacional. Los Estados Unidos empleaba esta estructura durante el período 1781-1789 bajo los Artículos de Confederación.

• **Gobierno federativo.** Esta palabra se deriva de una raíz latina que significa «alianza» o «pacto». Describe una disposición de elementos en la cual el poder político se divide entre un gobierno central y varios gobiernos territoriales. De acuerdo con la definición, esta división de poder viene determinada por una autoridad superior a ambos (es decir, la Constitución) y su distribución no puede cambiarse unilateralmente por ninguna de las unidades integrantes. En un estado federativo, la población es del país entero que vive bajo un gobierno central que ejerce responsabilidades de carácter general, según especifica la constitución nacional, que es la ley suprema de todo el país. Las unidades que componen el estado tienen también su territorio, población y gobiernos propios, pero sólo son libres y «soberanos» en cuanto a su régimen interior en áreas que también indica la constitución nacional. En lo que toca a los asuntos de interés general, v.g., las relaciones internacionales o la defensa nacional, las unidades están subordinadas al gobierno central.

Los Estados Unidos representa nuevamente un excelente modelo para ejemplificar el tipo federativo de gobierno. Fue, de hecho, el primer país que instituyó dicho sistema. El mismo consiste en unas provisiones constitucionales que dividen los poderes, responsabilidades y autoridad entre el gobierno nacional en Washington, D.C. y los gobiernos territoriales (los estados). Sin embargo, el federalismo norteamericano ha cambiado mucho en los últimos 200 años—pese al hecho de que la Constitución dice lo mismo al respecto—en el sentido de una mayor concentración de poder en manos del gobierno nacional. Las razones: la necesidad de hacer frente a los problemas de una sociedad mucho más compleja; una creciente demanda por más servicios gubernamentales; las exigencias de la política internacional; y el deseo de lograr más justicia, igualdad, y uniformidad en todo el país. De hecho, muchos de los problemas que se presentan hoy día simplemente no pueden resolverse de una manera adecuada a nivel local, como, por ejemplo: los relacionados con la protección ambiental.

El federalismo existe también en varios países latinoamericanos—Argentina, Brasil, México y Venezuela. Sin embargo, los gobiernos territoriales de estos países pocas veces han gozado de su debida autonomía. Las realidades de la tradición y práctica de un gobierno nacional altamente centralizado pesan más que unas provisiones constitucionales. Es utilizado con frecuencia, además, por otros estados cuyas poblaciones incluyen una o más «naciones» o importantes concentraciones de grupos minoritarios. Ejemplos son India y la ex-Unión Soviética.

• **Presidencialismo versus parlamentarismo.** Son comunes las descripciones de las diferencias entre los sistemas presidencialista y parlamentario. Generalmente se usan como «modelos» para ejemplificar cada uno, los Estados Unidos en el caso del sistema presidencialista y Gran Bretaña para el sistema parlamentario.

La diferencia fundamental entre los dos sistemas reside en la división formal y horizontal de los poderes gubernamentales. En el caso del sistema presidencialista, los tres poderes clásicos (legislativo, ejecutivo y judicial) están divididos en tres ramas, cada una libre de dominación por parte de las otras. Sin embargo, las tres se fiscalizan mediante un sistema de controles y equilibrios. En cambio, el sistema parlamentario no sigue el principio de la «separación de poderes»—al menos entre las ramas ejecutiva y legislativa. Estas quedan esencialmente fundidas, mientras la judicial existe aparte, pero altamente dependiente.

Otra característica del sistema presidencialista es que el más alto oficial político se responsabiliza por todas las funciones ejecutivas y generalmente lleva el título de presidente. En contraste, el ejecutivo en el sistema parlamentario consiste en dos cargos: un jefe de estado que desempeña fundamentalmente una función simbólica o ceremonial y un jefe de gobierno que asume la responsabilidad por la conducción del gobierno. En Gran Bretaña, el monarca sirve de jefe de estado y el primer ministro realiza el papel de jefe de gobierno.

La manera de seleccionar al ejecutivo es también diferente. En el sistema presidencialista se elige comúnmente el principal ejecutivo mediante el voto directo o indirecto del pueblo, y ningún miembro de la rama ejecutiva puede simultáneamente pertenecer a la rama legislativa o judicial. Por el contrario, en el sistema parlamentario de Gran Bretaña, el primer ministro y los demás miembros del gabinete son seleccionados por la legislatura (el Parlamento) entre los miembros de la misma que integran al partido mayoritario. En el caso de un desacuerdo entre el ejecutivo y el legislativo, el presidente no tiene, como el primer ministro, la potestad de disolver la asamblea legislativa y convocar nuevas elecciones. Pero, por otra parte, tampoco tiene el Congreso norteamericano, como el Parlamento británico, la facultad de obligar al ejecutivo a renunciar mediante un voto de censura o de no adhesión.

En fin, cada sistema tiene sus ventajas y desventajas. Con el parlamentarismo se presume que hay más cooperación entre el ejecutivo y el legislativo precisamente porque el primer ministro controla la mayoría de los escaños en el Parlamento. Sin embargo, este hecho también permite que en tiempos normales el ejecutivo domine el legislativo, disminuyendo así grandemente la razón de su existencia. El presidente casi nunca tiene tal grado de dominio sobre el Congreso; pero, por otra parte, tampoco depende su incumbencia del poder de una relación armoniosa con la legislatura. Bajo el sistema presidencialista, las acciones del ejecutivo sólo tienen que justificarse ante el pueblo.

Muchas veces las provisiones constitucionales, legales e institucionales chocan con las realidades informales de los sistemas políticos. Bien ilustra esta aseveración el caso de Puerto Rico durante el dominio de Luis Muñoz Marín y el *Partido Popular Democrático*. En esa época, pese a la separación legal de poderes, la realidad era que un partido controlaba totalmente el sistema político—y un hombre básicamente controlaba este partido. Con tal liderazgo político ligado con la imposición de una severa disciplina sobre los miembros del partido dominante, no existía de hecho ninguna separación de poderes.

Finalmente, hay que reconocer que en muchos de los países del mundo de hoy existe una gran discrepancia entre lo que dicen sus constituciones y cómo funcionan sus sistemas políticos en la realidad. Por ejemplo: pese a la existencia constitucional de una legislatura en Nicaragua bajo Somoza o la provisión constitucional de un parlamento en la ex-Unión Soviética bajo el dominio del Partido Comunista, en realidad estas instituciones tenían poca significación en el proceso político de estos países. La verdad es que la distribución formal del poder político en sí no determina en absoluto que el sistema sea democrático, autoritario, o dictatorial.

¿Para qué manda?

Dentro del «para qué» entra todo lo referente a los objetivos generales y permanentes que se persiguen en la política, así como cuestiones tales como el orden económico y social que prevalece—capitalista, socialista, comunista, corporativo, fascista, etc. Resulta evidente que a mayor libertad para los gobernados corresponderá un menor poder para los gobernantes, y viceversa. Esta dicotomía tiene como polos opuestos el anarquismo y el totalitarismo. El logro de un equilibrio entre el orden y la libertad ha sido y es la gran tarea de los filósofos políticos y muchas han sido las fórmulas ensayadas para conseguir este objetivo. En términos concretos, se han manifestado en diferentes ideologías políticas.

ESTRUCTURA UNITARIA **ESTRUCTURA CONFEDERATIVA**

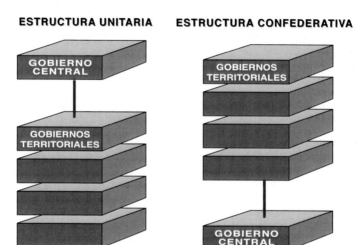

ESTRUCTURA FEDERATIVA

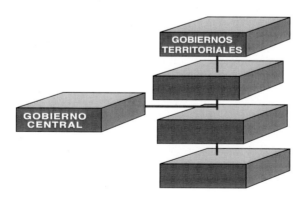

ESTRUCTURA PRESIDENCIALISTA

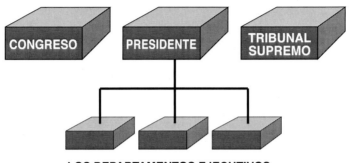

LOS DEPARTAMENTOS EJECUTIVOS

ESTRUCTURA PARLAMENTARIA

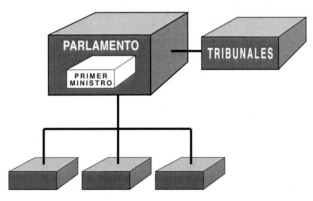

LOS DEPARTAMENTOS EJECUTIVOS

Las cuestiones de cuáles son las funciones legítimas del estado y hasta dónde llegan los límites de su actividad son temas de gran discrepancia filosófica. En efecto, lo que divide las distintas ideologías políticas puede reducirse, en su formulación más simple, al papel que cada una de ellas asigna al estado en la conducción de la sociedad. En términos generales, existen dos categorías de ideologías políticas: doctrinas individualistas y doctrinas colectivistas.

• **Las doctrinas individualistas.** Son doctrinas que, en general, presumen que el intervencionismo estatal es malévolo y que, por esta razón, sus actividades deben eliminarse o reducirse al mínimo indispensable. Estas doctrinas hacen hincapié, por encima de todo, en la autonomía y la libertad de los individuos que componen la sociedad.

La más importante expresión contemporánea del individualismo es la democracia liberal, la que tiene como finalidad, en lo filosófico, salvaguardar los derechos «inherentes» a la personalidad humana. Para lograr este fin, la colectividad debe estar organizada de modo que permita y asegure el ejercicio de aquellos derechos inalienables. Sólo hay un límite para la actividad individual, y es el que señalan los derechos de los demás.

En lo material, la doctrina enaltece, sobre todo, la propiedad privada, con sus complementos inseparables, la iniciativa y la empresa también privadas. Según esta visión, el estado no debe hacer más que supervisar y garantizar el desenvolvimiento de las más elementales relaciones económicas. Tanto mejor desempeña este papel, cuanto menor es su intromisión en el libre juego de las llamadas «leyes naturales».

Con el correr de los años, el individualismo liberal se ha modificado gracias a los problemas que plantea el complejo desarrollo de la vida moderna. Dichos problemas han obligado el estado a desempeñar una función cada vez más activa. Este hecho no ha afectado, sin embargo, la esencia del sistema. El ejemplo típico en esta materia es la política del «Nuevo Trato» *(New Deal)* del presidente Franklin D. Roosevelt durante la década de los 30, falsamente interpretada por muchos como un paso hacia el socialismo, cuando en realidad fue un recurso extremo para salvar al capitalismo norteamericano después de la crisis económica de 1929. Tampoco cambió el sistema político, el cual se ha mantenido invariable dentro del marco de la democracia liberal. La diferencia está en el papel económico del estado: es ahora un *estado benefactor.*

Una forma extrema del individualismo es el anarquismo individualista que prescinde totalmente del estado y apenas admite la necesidad aun limitada de la actividad colectiva para fines de carácter material, tales como la producción cooperativa de los artículos de subsistencia.

• **Las doctrinas colectivistas.** Son doctrinas que colocan la colectividad en primer plano. Dentro de las concepciones colectivistas, que incluyen las diversas formas del socialismo, el individuo deja de ser un fin en sí mismo. Lo es solamente en la medida en que forma parte de la colectividad entera. La meta de la felicidad individual queda sustituida por la felicidad colectiva. Al hacerse evidente el hecho de que las prerrogativas individuales tienden a invadir el campo de las prerrogativas ajenas y a servirse de ellas para beneficio propio, surge el nuevo concepto: quien sirve no es la colectividad al individuo, sino éste a aquélla.

Además, la propiedad privada pierde el carácter casi sagrado que le asignan las doctrinas individualistas. No solamente los socialistas marxistas, sino los seguidores de otras doctrinas colectivas le atribuyen a ésta la mayor parte de los males que engendra la sociedad individualista. La única propiedad aceptada, por consiguiente, es la que cumple una «función social»—que se logra al pasar el control de los instrumentos de producción a la colectividad a fin de que la riqueza producida sea colectiva y no individual.

Según estas doctrinas, para poder realizar los fines supremos de la colectividad, el individuo tiene la obligación de sacrificar parte de sus prerrogativas individuales, o la totalidad de ellas, y aun hasta la vida misma, dependiendo de la ideología en cuestión. El comunismo, por ejemplo, propugna una dictadura «provisoria» del proletariado como instrumento político destinado a realizar la transformación de la sociedad burguesa a la sociedad comunista, sin clases, del futuro. Lo que, en concepto de los comunistas marxistas, justifica este estado absorbente y dictatorial es su necesidad «transitoria», ya que en la otra sociedad hipotética del futuro, el estado habrá desaparecido también, total y definitivamente.

Un caso extremo dentro de las conceptualizaciones colectivistas es el fascismo cuya visión coloca no solamente al individuo sino todos los ámbitos de la vida social bajo el control del estado—un verdadero totalitarismo. La totalidad de la vida colectiva, según esta doctrina, debe girar en torno al servicio del estado; y el individuo convierte ese servicio en una especie de religión. Mientras casi todas las demás doctrinas colectivistas justifican la imposición de su visión como una expresión de la voluntad de la mayoría, los fascistas reconocen abiertamente que sólo una *élite* privilegiada puede actuar como un instrumento efectivo de realización política y que los destinos de esa minoría están íntimamente relacionados con los destinos supremos del estado.

Es muy difícil encontrar una sociedad en la que predomine exclusivamente un solo sistema de valores o una sola ideología.

Además, aun dentro de las mismas ideologías hay siempre numerosas discrepancias que dividen las personas que las profesan.
Este fenómeno dificulta aún más el estudio de este importante
aspecto de la vida política. En el capítulo cuatro examinaremos
en detalle las principales ideologías políticas contemporáneas.

SEGUNDA PARTE

LAS CREENCIAS POLÍTICAS

IDEOLOGÍAS POLÍTICAS CONTEMPORÁNEAS

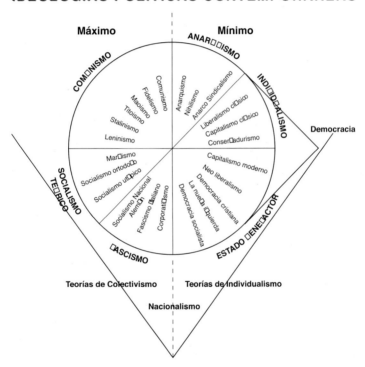

CAPITULO 3

Ideologías políticas contemporáneas

TÉRMINOS Y CONCEPTOS CLAVES

- Ideología política: definición
  - Nacionalismo

Doctrinas individualistas

- El anarquismo: características básicas
  - corriente individualista
  - corriente colectivista (anarcosindicalismo y terrorismo nihilista)
- La democracia: características básicas
  - requisitos
  - democracias populares
- El liberalismo: características básicas (énfasis filosófico, económico, político)
  - laissez-faire
  - Adam Smith
  - neo-liberalismo
- El capitalismo: características básicas
  - capitalista (definición)
  - monopolio
  - estado benefactor
- El conservadurismo: características básicas
  - contraste con el liberalismo
- La democracia socialista: características básicas
  - contraste con el capitalismo democrático
  - democracia cristiana

Doctrinas colectivistas

- El fascismo: características básicas
  - Mussolini
  - Hitler
- El socialismo utópico: características básicas
  - Henri de Saint-Simon, Charles Fourier, Robert Owen,
  - Augusto Blanqui, Louis Blanc
- El socialismo marxista: características básicas
  - Marx/Engels
  - marxismo
  - socialismo científico
  - comunismo
  - burguesía
  - proletariado
  - leninismo
- El comunismo utópico: características básicas

Una ideología es un sistema de valores o creencias aceptado por un grupo determinado como válido y verdadero. Este sistema implica una serie de actitudes hacia las diversas instituciones y procesos sociales. Le ofrece al creyente una visión a la vez real y utópica del mundo y, de este modo, organiza la enorme complejidad del mundo en una concepción más simple y comprensible. Todas las ideologías contienen tres elementos esenciales: (1) un análisis del pasado y del presente; (2) un programa para un futuro ideal; y (3) un método de acción mediante el cual se efectuará la transición del presente hacia ese futuro ideal. Todos los métodos conducen, naturalmente, a la toma del gobierno, ya que este hecho representa la única posibilidad concreta de llevar a la práctica los programas de renovación.

Conviene tener en cuenta que los individuos generalmente no eligen una ideología, sino que crecen dentro de un sistema de creencias y lo asimilan sin pensar verdaderamente en otras posibles alternativas. En este sentido, hay que apreciar la importancia del proceso de socialización política en la formación de actitudes e ideas que respaldan la ideología vigente en una sociedad determinada. Operando dentro del contexto de la sociedad, la socialización política representa un proceso mediante el cual los individuos asimilan los valores de la sociedad. Se admite generalmente que las instituciones que transmiten los valores de la sociedad comprenden el sistema familiar, el sistema educativo, y el sistema religioso, así como una serie de influencias como, por ejemplo, los medios de comunicación de masas o los grupos de presión.

Aun dentro de las mismas ideologías hay siempre numerosas discrepancias. Por ejemplo: para la democracia liberal, el nacionalismo representa más bien un sentimiento moderado y relativamente tranquilo de pertenecer a un grupo nacional.

Pero para varios otros movimientos—particularmente los totalitarios—el mismo nacionalismo se ha convertido en un elemento exclusivista que, con un foco exagerado de identificación nacional, propicia antagonismo y hasta odio hacia otros pueblos y sistemas.

Es precisamente la variedad y las diferencias existentes entre las ideologías lo que constituye el más serio problema al emprender su análisis. Su formulación más simple plantea el problema a base del papel más o menos preponderante que debe desempeñar el estado en la conducción de la sociedad. Cada una de las ideologías existentes asigna un papel diferente al estado, pero en líneas generales todas se reducen a dos grandes categorías: doctrinas individualistas y doctrinas colectivistas.

Las doctrinas individualistas

El anarquismo

El anarquismo es la doctrina política que sostiene la necesidad de prescindir del gobierno. La misma propone que no existe razón para que unos hombres manden y otros obedezcan. Su noción fundamental consiste en que el gobierno y, por ende, el estado, representan la fuente de los males que afectan a la sociedad. Por consiguiente, para los anarquistas, es preciso eliminar estos males, reemplazando al estado (cuya expresión autoritaria es el gobierno) por pequeñas comunidades en las que quede suprimida toda forma de coacción y los intereses colectivos sean resueltos por acuerdo voluntario. Se cree que ese acuerdo será posible y fácil de realizar cuando se hayan eliminado los intereses egoístas engendrados por el estado mismo.

Las corrientes anarquistas se polarizan en dos extremos ideológicos: el individualista y el colectivista. La corriente individualista da importancia fundamental al individuo en sí mismo, encontrándose principalmente entre algunos intelectuales. Se suele citar como los más importantes expositores del anarquismo individualista al inglés Guillermo Godwin (1756-1836), al alemán Federico Guillermo Nietzche (1844-1900) y al ruso León Tolstoi (1826-1910). La segunda corriente considera al individuo unido solidariamente a los demás, y tiene sus adeptos principalmente en la clase trabajadora. Una de sus formas políticas más vigorosas es el llamado anarcosindicalismo, o la incorporación de la ideología anarquista al movimiento obrero organizado. Otra modalidad es el anarquismo revolucionario asociado con el terrorismo «nihilista»—pequeñas organizaciones clandestinas dispersas por todo el orbe dedicadas a destruir todo vestigio del estado mediante la violencia. Las figuras más sobresalientes del anarquismo colectivista han sido el francés Pedro José Proudhon (1809-1864), y los rusos Miguel Bakunin (1814-1876) y Pedro Kropotkin (1842-1921).

Proudhon fue un autodidacto de humilde origen que llegó a ejercer una notable influencia sobre la clase trabajadora de la segunda mitad del siglo XIX frente a los problemas planteados por la revolución industrial. Es autor de dos frases célebres: «El gobierno es la maldición de Dios» y «La propiedad es un robo». Miguel Bakunin consideraba, sin embargo, que los planes revolucionarios de Proudhon no eran lo suficientemente radicales. Llegó a la conclusión de que existía un solo recurso decisivo: la violencia organizada e inexorable. Kropotkin deja el legado de ser el sintetizador final de la corriente anarquista colectivista al formular un plan de la futura sociedad anarquista como un conjunto de pequeñas comunidades cooperativas dedicadas a los diferentes áreas de la actividad productiva, ya no con fines de lucro sino de simple autoabastecimiento e intercambio directo.

En resumen, el pensamiento clásico afirma que el hombre es *por naturaleza* egoísta, ambicioso, posesivo y agresivo. Los anarquistas, sin embargo, niegan esta tesis al considerar que dicha tendencia puede modificarse al efectuar cambios en los agentes exteriores que condicionan la naturaleza del hombre: la economía, la educación, un nuevo concepto de la vida, etc. De esta forma, las relaciones entre los hombres podrían llegar hasta el punto de hacer innecesario el principio de autoridad.

La democracia

El vocablo democracia llega a emplearse por primera vez durante el siglo V antes de Cristo en Atenas. Como mecanismo para adoptar decisiones políticas, la democracia ateniense no sólo significaba el predominio de la voluntad de muchos, sino además que esa voluntad se expresaba directamente, sin intermediarios, en el seno de la asamblea popular (la *ecclesia*), de la que podían formar parte todos los ciudadanos. Por consiguiente, la democracia ateniense fue lo que hoy se denomina una democracia directa.

Sin embargo, el régimen democrático griego no fue visto siempre como algo positivo. Algunos filósofos sostenían, por ejemplo, que era inadmisible que el arte más difícil y más importante, que es el de conducir la política, se ejerciera al azar por cualquiera. De hecho, Aristóteles, en su famoso libro *La política*, formula su juicio negativo acerca de la democracia al ubicarla entre las formas de gobierno «impuras» o «perversas». En su lugar, Aristóteles preconizaba el régimen que él denominaba *politeia*—que se aproxima mucho al concepto de la democracia constitucional desarrollado durante el siglo XIX.

Durante la Edad Media, la democracia dejó de existir como una manifestación concreta. Sin embargo, hubo pensadores, como Santo Tomás, Guillermo de Ockam y Marsiglio de Padua, que opinaron que el pueblo debía ser la fuente del poder. Pero eso nada tuvo que ver con la realidad de las instituciones.

La Edad Moderna, caracterizada por el absolutismo, no fue tampoco una época propicia para la instauración de la democracia. No obstante, hubo sí mucha especulación filosófica en torno al tema, la cual preparó el terreno para su eventual manifestación en términos de regímenes políticos edificados sobre las bases de los preceptos democráticos fundamentales. Portadores de estas corrientes eran John Locke *(Ensayo sobre el gobierno civil)*, Montesquieu *(El espíritu de las leyes)* y Rousseau *(El contrato social)*. Todos concuerdan, más o menos, en que un régimen democrático es aquel en el cual la comunidad, por mayoría, ejerce el poder político fundamental. Pero básicamente, el lenguaje de la época atribuía todavía a la palabra democracia un sentido peyorativo: la identificaba con la idea de colocar el poder político en manos de un «populacho imbécil».

Los fundadores de la república norteamericana no le dieron el nombre de democracia. Para ellos, el régimen al que correspondía dicha denominación implicaba la «reunión general de los ciudadanos», y el gobierno de éstos por sí mismos sin intermediarios. Tampoco aparece el vocablo en la "Declaración de los Derechos del Hombre y del Ciudadano" de 1789, ni en las constituciones francesas del período revolucionario. Sin embargo, las nuevas democracias que tuvieron su origen en estos dos países coincidieron en un punto fundamental: la idea de que los hombres nacen libres e iguales. Lo que dice la Declaración de Independencia de las colonias inglesas de América (1776) está también dicho explícita o implícitamente en todos los documentos fundamentales de las democracias contemporáneas:

Sostenemos como verdades evidentes que todos los hombres nacen iguales, que están dotados por su Creador de ciertos derechos inalienables, entre los cuales se cuentan el derecho a la vida, a la libertad, y el alcance de la felicidad; que para asegurar estos derechos los hombres instituyen gobiernos.

Esta creencia en la igualdad y la libertad natural de los seres humanos sirve como cimiento al supuesto lógico de la democracia; es decir, si los individuos son iguales y libres por naturaleza, ninguno entre ellos tiene el derecho innato de mandar a los demás.

Claro está, todo régimen político—inclusive el democrático—consta de una serie de relaciones de mando y obediencia. La particularidad de la democracia moderna consiste en que las acciones de los líderes están constitucionalmente limitadas. De hecho, las democracias contemporáneas nacieron entrañablemente unidas al concepto del *constitucionalismo*: la idea de que tiene que haber una limitación sobre la voluntad y el poder de los gobernantes y las mayorías, mediante un sistema de controles. Es también elemento fundamental de las democracias contemporáneas el principio del «imperio de la ley", así como el de la "soberanía del pueblo». Además, la democracia supone la existencia de un consenso mínimo, mediante la aceptación por todos, de la idea de que ni las victorias ni las derrotas, entre los grupos adversarios, deben tener el carácter de definitivas. Esto, asimismo, implica un diálogo que sólo puede realizarse si existen, además, la libre opinión, la libre discusión y la libre unión. Saber perder representa la primera enseñanza que debe asimilarse para echar a andar la democracia.

Pero más que un programa concreto, la democracia es una doctrina política que se caracteriza por su elasticidad y flexibilidad. En efecto, la democracia no prescribe una forma determinada de gobierno, y se puede practicar dentro de regímenes tan diferentes estructuralmente entre sí como el presidencialismo norteamericano, el parlamentarismo francés, o las monarquías parlamentarias británica, holandesa y noruega, para citar únicamente algunos ejemplos notables. Tampoco, y esto es igualmente importante, prescribe formas concretas de organización económica. Por ejemplo: Suecia es, simultáneamente, una democracia, una monarquía parlamentaria y un estado fundamentalmente socialista.

Sin embargo, en medio de tal flexibilidad, hay ciertos requisitos que, de ser cumplidos, dan sello de autenticidad a un régimen democrático, a saber: (1) el sufragio o voto popular a través del cual se expresa la voluntad del pueblo; (2) un cuerpo fundamental de leyes que establece y limita los derechos y atribuciones del individuo y del estado, y las relaciones del uno con el otro, a fin de evitar el abuso de la libertad por parte de los individuos y el exceso de autoridad de los gobernantes; (3) la división de poderes dentro del estado; y (4) la adopción y vigencia de principios fundamentales destinados a garantizar la vida, la igualdad y la libertad de los ciudadanos: la libertad de pensamiento, de culto, de expresión, de petición, de tránsito, etc.

En cuanto a los países que tienen actualmente sistemas democráticos de gobierno (en el sentido de verdaderas democracias constitucionales), pueden mencionarse: Estados Unidos de América, Gran Bretaña, Canadá, Australia, Nueva Zelandia, Suecia, Francia, Italia, y entre los más recientes, la República Alemana, España y Portugal. Con respecto a los países de América Latina, lo único que puede decirse es que la mayoría de ellos han sido o son democracias, en algunos períodos, y de modo bastante relativo. En cuanto a los países de África y Asia, con ciertas excepciones (v.g., Israel, Japón y en algunos aspectos India), la democracia sólo ha sido hasta ahora nominal.

Las «democracias populares» de los regímenes comunistas de la China, Cuba y Corea del Norte son más bien ficticias, ya que el pueblo realmente no gobierna ni tampoco goza de verdaderas protecciones individuales que los amparen de arbitrariedades gubernamentales. Sin embargo, dichos regímenes rechazan el concepto liberal de democracia, al exaltar la idea de que tal orden jurídico y político no tiene valor práctico si no está fundado en la igualdad económica. Según ellos, el individuo no sólo tiene derecho a ser libre políticamente, sino también un derecho inherente a librarse de la necesidad.

Es importante fijarse en la extraordinaria amplitud del ideal democrático. Hasta los propios comunistas critican y atacan a la democracia liberal por no haber cumplido supuestamente una función verazmente democrática al vincularse con el sistema económico capitalista, y proponen superarlo con lo que ellos consideran la verdadera democracia en la sociedad sin clases. Sigue vigente el ideal democrático que, en su esencia conceptual, encierra las más elevadas aspiraciones del ser humano.

El liberalismo

Es tan estrecha la relación histórica entre el liberalismo y la democracia que los dos conceptos con frecuencia se confunden. El liberalismo nació durante la edad moderna como una protesta contra el absolutismo estatal en la forma de una afirmación de libertad en todos sus aspectos: civil, social, económico, religioso, político, etc. Filosóficamente, el liberalismo se caracteriza por el espíritu de tolerancia y conciliación, y particularmente por el libre examen, en oposición al dogmatismo. Económicamente, se caracteriza por la «libre empresa», es decir, por la oposición al intervencionismo o dirigismo estatal. Políticamente, su empeño consiste en poner ciertos límites al poder del estado y de afirmar los derechos individuales, con el propósito de confinar la actividad de los gobernantes dentro del marco de las normas constitucionales.

El aspecto económico del liberalismo tuvo sus expositores iniciales en los fisiócratas franceses que introdujeron la noción de que el fenómeno económico era algo «natural» que funcionaba mejor sin la intervención del estado. Fue el fisiócrata Francisco Quesnay quien acuñó la célebre fórmula: *laissez faire, laissez passer* (dejar hacer, dejar pasar). Dejar hacer: eliminar el intervencionismo estatal y abrir el campo a la iniciativa individual; dejar pasar: abrir las puertas de las naciones, suprimiendo las barreras aduaneras para lograr una mayor circulación de la riqueza. En este punto se hace presente la teoría de la libertad económica, cuyos conceptos básicos incluyen la iniciativa individual movida por el deseo de lucro, la libre competencia (reguladora de la producción y de los precios), y el libre juego de las fuerzas económicas del mercado.

El más grande expositor del liberalismo económico fue Adam Smith, filósofo y economista nacido en Escocia en el 1723. Su obra fundamental, *La riqueza de las naciones*, trata del nuevo fenómeno que se introduce en la vida de Europa: el capitalismo. En su análisis, Smith deduce unas leyes orgánicas y funcionales del capitalismo que son «naturales». Sostiene que la libre competencia impulsa el desarrollo económico y, por esta razón, se pronuncia en contra de las reglamentaciones estatales. Afirma que la función del estado debe ser únicamente la de mantener el orden, proteger la propiedad, facilitar la producción, y hacer respetar la justicia. En este sentido, el liberalismo aparenta ser algo más realista con respecto a la naturaleza humana, al considerar que la aplicación de la coacción es imprescindible—un mal necesario, y según esta doctrina, la razón por la cual el ámbito del intervencionismo estatal debe ser reducido al mínimo.

Pero las leyes naturales no han dado los resultados que de ellas se esperaban y fueron modificadas no tanto por la acción del estado, sino por obra de los propios capitalistas. Muestra de ello es la creación de monopolios y carteles que, al anular la libre competencia y dar carácter artificial a los precios, desvirtúan los efectos de la ley de oferta y demanda. Además, tampoco se ha podido evitar las profundas depresiones económicas que sobrevienen como secuela inevitable de las eras de gran producción y prosperidad general, obligando así al estado a intervenir para salvar a la economía del país. Finalmente, el ejercicio individual de la iniciativa privada ha quedado suplantado por gerentes profesionales que no actúan como dueños sino como funcionarios expertos a los que se les paga por desempeñar una tarea.

Estos factores han conducido a importantes rectificaciones en la doctrina del liberalismo económico, y son tantas que a lo que existe hoy día puede denominársele como «neoliberalismo». En términos generales, los partidarios de la nueva concepción sostienen que continúa siendo válido el principio de que la libre competencia económica constituye el mejor camino para el aumento de la riqueza y el bienestar general. No obstante, también se reconoce que únicamente el estado puede crear las condiciones necesarias para su pleno desenvolvimiento.

El capitalismo

El capitalismo fue originalmente el nombre dado al sistema económico de libre empresa, o sea, un sistema que coloca todos los aspectos fundamentales de la economía bajo control privado más bien que público—la tierra, los recursos naturales, la producción, la distribución, el intercambio de bienes y servicios, el empleo y la compensación dada a la mano de obra. Un capitalista es cualquier individuo que haya acumulado riqueza que no emplea para su uso personal inmediato, sino para más inversiones comerciales, con el fin de producir más bienes o servicios para que le rindan una mayor acumulación de capital. Mediante la libre competencia entre capitalistas en el mercado, se confía que se producirán los mejores productos necesarios a precios más favorables.

La alternativa a la libre competencia es el monopolio. Un monopolio existe cuando un competidor, por medios lícitos o ilícitos, llega a ser el único proveedor de cierto producto o servicio. En tal situación, se carece de una verdadera selección y frecuentemente el monopolista aprovecha bajando la calidad y/o subiendo el precio de dicho producto o servicio suministrado.

Tanto el comunismo como el socialismo pretenden lograr la monopolización de la economía por medio del control del aparato estatal. Ambos desean colocar los medios de producción en manos del gobierno. Sin embargo, hay importantes diferencias entre sus métodos y fines. El comunismo logra la monopolización económica mediante la violencia y la mantiene por la fuerza. En contraste, el socialismo democrático pretende utilizar la persuasión para alcanzar este fin, y sus éxitos han venido por medio de elecciones populares.

Debido en gran parte a sus rivales ideológicos, el capitalismo ha dejado de ser simplemente un sistema económico para convertirse en un sistema sociopolítico. Tal ha sido la evolución que el país capitalista contemporáneo merece el distintivo de estado benefactor. Con más frecuencia se califica el capitalismo moderno de economía mixta, lo cual indica la aceptación de una mayor intervención reguladora del estado, la limitación a la acumulación de bienes por los individuos, una mayor responsabilidad social por parte del estado y la nacionalización de ciertos sectores económicos claves. En fin, el capitalismo ha cambiado, pero seguirá existiendo como sistema en ciertos países mientras el sector privado de la economía en ellos sea más extenso que el sector público.

El conservadurismo

El conservadurismo, como el nombre implica, representa una orientación política de conservar algo, lo que puede variar entre países y hasta dentro del mismo país en diferentes momentos históricos. Un conservador no se opone necesariamente a la innovación o la reforma, pero sí tiene poca confianza en el tipo de cambio que afecte las normas, valores y prácticas tradicionales.

Igual al liberalismo, el conservadurismo resulta ser fundamentalmente una actitud frente al cambio existente dentro de la *tradición democrática*. Las creencias de ambas tendencias carecen de un carácter netamente definido, pero cada una tiene ciertas características distintivas que no han cambiado mucho con el correr de los años. El siguiente listado ofrece una comparación entre ellas dentro del contexto del sistema político norteamericano:

Diferencias fundamentales	
LIBERAL	CONSERVADOR
1. Favorece el cambio.	1. Favorece la tradición.
2. Visualiza la naturaleza humana con un potencial sin límites.	2. Visualiza la naturaleza humana como corrupta y limitada en potencial.
3. Tiene confianza en las tendencias racionales y científicas del hombre.	3. Pone hincapié en la importancia de los factores no racionales del comportamiento humano.
4. Tiene confianza en la democracia como medio para resolver problemas.	4. Duda de la democracia; prefiere los gobiernos mixtos.

Continuación	
LIBERAL	CONSERVADOR
5. Favorece el secularismo y tiene fe en la acción social. 6. Cree que una expansión en la actividad gubernamental conducirá a una mejor vida para todos. 7. Duda de la capacidad y los móviles de la empresa privada; enfatiza el sector público. 8. Es permisivo hacia los que se rebelan contra las convenciones y leyes de la sociedad; tiende a culpar a las instituciones y al ambiente social más que a los violadores individuales.	5. Favorece la religión y cree en la existencia de un orden moral establecido. 6. Promueve los esfuerzos de individuos y de grupos privados con el fin de lograr la buena vida para ellos mismo, así como para la sociedad. 7. Confía en la viabilidad de la empresa privada; prefiere limitar al mínimo el sector público. 8. Es más autoritario; promueve la idea de responsabilidad individual y la importancia de hacer cumplir las leyes, castigando severamente a los violadores.

La democracia socialista

Las semejanzas entre el capitalismo democrático y el socialismo democrático son mayores que las diferencias. Las diferencias que hay entre ellos giran fundamentalmente en torno al problema de la propiedad.

Ambas tendencias creen firmemente en la democracia, pero los socialistas demócratas propugnan su extensión, además, al campo económico. Opinan que los verdaderos problemas humanos—de hambre, salud pública, etc.—tienen que ser atacados sistemáticamente, lo cual no sucede bajo el capitalismo impulsado por el afán de lucro. Su remedio: el control estatal directo de los sectores económicos cruciales para el desarrollo del país y mayor reglamentación de los restantes sectores privados, a fin de que las actividades de éstos favorezcan igualmente los intereses de toda la comunidad. El socialismo democrático, dentro de las teorías individualistas, es el que insiste más en considerar la sociedad en términos globales.

Últimamente se ha formado en diversos países una variante de esta ideología, conocida como la *democracia cristiana*. Estos partidos o movimientos se adhieren a los principios y métodos políticos de la democracia e igualmente muestran una preocupación en torno a las cuestiones económicos-sociales, fundada en los más puros sentimientos cristianos. Es decir, desean "humanizar" el capitalismo sin destruir la base del liberalismo individualista. Preconizan más bien una línea reformista que pretende influir sobre los gobernantes y gobernados mediante la educación y la persuasión, en lugar del uso de los recursos coactivos como la huelga y la revolución. En términos generales, se adhieren al principio de la propiedad privada inviolable.

Las doctrinas colectivistas

El fascismo

El fascismo surgió más bien como una reacción al comunismo, pero sin una ideología definida. Como movimiento se asocia con los regímenes de Benito Mussolini en Italia y de Adolfo Hitler en Alemania que surgieron durante la década de los 20—un momento histórico en Europa caracterizado por inflación monetaria, desocupación, ineficiencia parlamentaria, y otros graves síntomas de malestar social. La doctrina sobre la cual descansa el fascismo empezó a desarrollarse principalmente desde el poder, o sea, cuando en ambos países los partidos fascistas adquirieron el control del estado tras una efectiva campaña de violencia. El término fascismo proviene del latín *fascis* que designaba en Roma antigua al haz de varas con un hacha en el centro que servía de símbolo de autoridad.

El fascismo pone de manifiesto el principio de la supremacía del estado para justificar el control total que sobre una sociedad impone una élite gobernante. Bajo tal control, el estado deviene omnipotente, omnipresente y omnisciente—quizás la mejor definición de un estado verdaderamente totalitario. El individuo deja de existir separado del estado y se considera al partido como su vanguardia. Los fascistas que son miembros activos del partido componen aquella minoría predestinada que, por autodeterminación, tiene la responsabilidad de regir el destino de la nación.

Partiendo de la premisa de que todos los individuos no son intrínsecamente iguales, los fascistas llegan a la conclusión «lógica» de que es justo que sólo los mejores gobiernen sobre los inferiores. Por esta razón, si la autoridad del estado encarna el pensamiento y la voluntad de los mejores, el estado debe, necesariamente, ser supremo. La primacía del estado también se aplica en materia económica: bajo el fascismo el estado no asume el manejo directo o total del mecanismo de la producción, pero sí lo moldea y lo usa para sus propios fines, sometiendo a los propietarios particulares a su voluntad mediante severos controles estatales. Finalmente, existe además en esta noción de primacía la idea de un estado protector de la pureza de la raza—el credo que sostenía Hitler para justificar la presunta superioridad de la raza aria, y el intento de exterminar a los judíos. De hecho, el «nuevo orden» hitleriano, en aquellas partes de Europa conquistadas por sus ejércitos de tierra y aire de 1938 a 1945, estaba fundado en estos principios.

En fin, el fascismo puede describirse como el control totalitario de la sociedad por un pequeño grupo de activistas, respaldado por los sectores del pueblo temerosos del comunismo. Ese pequeño grupo que utiliza esta posición de poder para tornar al estado intensamente nacionalista, anti-comunista, racista, militarista y finalmente imperialista. Existen actualmente muchas organizaciones inspiradas en las doctrinas y los métodos del fascismo y del nazismo.

El socialismo utópico

Los reformadores de la primera mitad del siglo XIX se dividen en dos grupos: los que piensan que el estado es nocivo y ha de ser destruido por estar sostenido por los capitalistas, y los que creen que el estado es el medio necesario para lograr algo positivo. Las dos corrientes están representadas por los anarquistas y los socialistas. Los anarquistas son partidarios de la abolición del estado; los socialistas son sus defensores. Los comunistas, como veremos, vienen a colocarse en el medio.

Los primeros pensadores representativos de estas corrientes son conocidos como «utópicos». Utopía significa quimera, ilusión, sueño irrealizable. Es propio del socialismo utópico dibujar la imagen de un mundo perfecto sin determinar con precisión los procedimientos que hay que realizar para lograr ese ideal. Es propio también de ellos creer en la bondad del hombre, la cual supuestamente les llevará a aceptar: (1) la supresión de la herencia; (2) la eliminación de la moneda; (3) la sustitución de la empresa privada por la cooperativa; (4) la distribución alternativa del trabajo, a fin de evitar la continua selección de algunos a los peores trabajos; y (5) la igualdad entre hombres y mujeres.

Entre los más famosos socialistas utópicos de la época se halla Henri de Saint-Simon, francés, nacido en el 1760. Durante los primeros años de la revolución francesa, Saint-Simon hace propaganda a favor de la libertad y la igualdad de los derechos políticos de los ciudadanos. Sin embargo, más adelante sufre una decepción por los resultados de la revolución, que considera no ha resuelto los problemas fundamentales de Francia, o la miseria de los trabajadores. Propone en su lugar un nuevo cristianismo que pretende exaltar la fraternidad humana sobre el afán de lucro. Cree, además, que la propiedad debe ser socializada y el derecho de herencia suprimido. Según él, todos los hombres deben producir «de acuerdo con sus capacidades y ser remunerados conforme a sus aptitudes». Bajo su plan, el gobierno debe ser encomendado a los científicos, personas con profundos conocimientos tecnológicos. Será una dictadura de los más capacitados, quienes dirigirán al pueblo paternal y científicamente. Saint-Simon no predicaba la revolución ni tampoco la lucha de clases; ponía su esperanza en los tecnócratas, y su revolución se realizaría desde arriba.

Charles Fourier, francés igualmente, es otro ejemplo de la época (1772-1837). Igual a Saint-Simon, tampoco acepta la propiedad y la herencia; pero se opone además a la industria, compartiendo con muchos de los utopistas una nostalgia por la era agrícola pasada. Se opone también al comercio, así como a los comerciantes y los intermediarios, los cuales él llama la «clase improductiva» y «parásitos». Propone la relación directa del productor con el consumidor, sobre la base del libre trueque. Además, se opone al salario y al proceso de asalariamiento que, según él, sirven simplemente para someter unos hombres a otros.

Robert Owen (1771-1858), inglés, era un autodidacto de la empresa y uno de los pocos utopistas que no dejaron sus ideas en el plano de la teoría, sino en el de la práctica. En New Lanark, donde tenía su propia fábrica, construyó viviendas para los obreros, escuelas para sus hijos, comedores, campos de recreo. Prohibió el trabajo hasta los diez años de edad, creó un cuerpo de inspectores de trabajo y limitó la jornada laboral a diez horas y media, en vez del horario común de 16-18 horas diarias. Gracias a estas medidas, consiguió de los obreros un índice más elevado de productividad, por lo que es considerado precursor de la legislación laboral moderna.

En resumen, el socialismo utópico de Saint-Simon es una revolución desde arriba que desemboca en una dictadura de los más capacitados en medio de una mística de religión del trabajo. El socialismo utópico de Fourier es un movimiento de rechazo a la industria, de negar el proceso irreversible de la historia, y de evadirse de los problemas planteados por el nuevo estilo de la sociedad industrial. El socialismo utópico de Owen, corrigiendo este último punto de Fourier, se muestra reformista, pero no radical. Son tres propuestas o teorías socializantes que encarnan el deseo de disminuir las injusticias sociales.

Otras teorías son más radicales. Por su parte, el francés Augusto Blanqui (1805-1881) pasó a defender directamente la participación política, la lucha armada y la revuelta, ya que consideraba ineficaces las medidas económicas sin la toma del poder. De esta forma, Blanqui infunde fe en la revolución armada, una idea cada vez más familiar en el ambiente francés de la época. Otro precursor es Louis Blanc (1811-1882). Llevado por la idea de que la competencia laboral conduce a la ruina, defiende un gobierno fuerte sin competidores, capaz de proteger al pobre del rico. Según él, el día en que ya no exista oposición de clases, el estado podrá y deberá desaparecer, pero no antes, puesto que su papel es justamente el de salvaguardar al pobre del rico.

Ahora el terreno está listo para una profundización en las teorizaciones socialistas. A partir de este momento, aparecen en escena el anarquismo y el marxismo, cuyas posturas políticas marcan irreconciliables posiciones en torno a la imagen del hombre socialista.

El socialismo marxista

Desde el principio, conviene esclarecer la diferencia entre los términos «marxismo», «socialismo científico» y «comunismo». El marxismo es, premordialmente, un método de análisis económico-político. El marxismo y el socialismo científico son sinónimos, ya que, dentro de los límites de lo posible, el marxismo pretende utilizar el método científico como la base de sus teorizaciones. Según el propio Marx, justamente esta diferencia distinguía el socialismo «científico» del socialismo «utópico». El comunismo, por otro lado, representa más bien un programa de acción política basado en la crítica del capitalismo hecha por Marx. La piedra angular de éste es la colectivización de los instrumentos de producción.

Carlos Marx nació en Tréveris, ciudad de Alemania, en 1818. Era hijo de un abogado judío que se convirtió al cristianismo. Estudió en las más prestigiosas universidades y era considerado un intelectual brillante. Desde muy joven se dedicó a actividades políticas, las cuales condujeron eventualmente a que lo expulsaran de su país natal. Se estableció en Inglaterra donde siguió ocupándose de cuestiones económicas y políticas, escribiendo sobre ellas hasta su muerte en 1883.

Su gran obra, *El capital*, es en esencia un libro de economía. Representa un profundo análisis del capitalismo y de las leyes que gobiernan su dinámica, y conduce a conclusiones de orden político. El libro fue escrito, en parte, por el compañero y colaborador de Marx, Friedrich Engels. Se publicó en el año 1867. Su obra más leída y conocida ha sido, sin embargo, el *Manifiesto comunista*, escrita también con Engels y publicada en 1848.

Para Marx, toda la historia humana ha sido edificada sobre la base de dos principios, «clase» y «explotación», con el poder económico-político simplemente un instrumento que utiliza el grupo privilegiado para mantener su dominio. En el capitalismo de sus días, Marx definía tres clases: la de los que emplean a los trabajadores (la burguesía); la de los que son empleados como trabajadores (el proletariado) y la de los que llevan sus propios negocios (la clase media que, para Marx, forma parte de la burguesía). Critica el orden capitalista, basado en la competencia y el egoísmo del lucro individual, por la concentración de riquezas en manos de unos pocos y por la miseria que el mismo causa para los demás. Por esta razón, los intereses de cada una de las dos clases principales son esencialmente antagónicos e irreconciliables. Esto explica, para Marx, por qué en una sociedad de clases, como la capitalista, no se puede evitar una lucha entre ellas—una especie de guerra civil constante.

La miseria y la frustración de la lucha de clases, según la visión marxista, son agravadas entre los obreros por el hecho de ser víctimas de la explotación. Y por «explotación» entiende Marx la diferencia entre el valor de lo que un obrero produce y la cantidad de dinero que obtiene por ello como salario. Cree que con el correr del tiempo el capital se irá concentrando, poseído cada vez por menos individuos, y que este desequilibrio de los recursos monetarios será otra de las causas del derrumbamiento definitivo del capitalismo.

Para la posible transformación del sistema, Marx asevera que no se puede esperar que la burguesía se desprenda voluntariamente del gobierno, que es más bien un instrumento suyo. Identifica al proletariado como el único instrumento que puede y debe realizar esta encomienda por acción revolucionaria. Consumada, entonces, la toma del poder político, se establecerá la dictadura del proletariado para realizar la transición del sistema capitalista a la sociedad sin clases del futuro. Concluye Marx en el *Manifiesto comunista*:

> *Los comunistas declaran abiertamente que sus objetivos sólo pueden alcanzarse derrocando por la violencia todo el orden social existente... los proletarios sólo tienen sus cadenas que perder y un mundo que ganar. ¡Proletarios del mundo, uníos!*

Sin embargo, tal como ocurren las cosas, no fue Marx quien llevó a cabo la revolución en un país europeo. Esa obra fue realizada por Lenin. Pero éste, aunque se basó en el pensamiento de Marx, tuvo que añadir al marxismo ciertos instrumentos y tácticas para poder llegar a la meta que Marx había fijado. El problema principal era el país en que esta revolución fue realizada. Rusia era un país semifeudal, casi sin industrias ni proletariado y con una enorme masa rural, condiciones diametralmente opuestas a las que prescribía la teoría marxista como necesarias para el estallido revolucionario.

Los principales aspectos del *leninismo* eran: (1) que no puede haber tregua en la lucha de clases; (2) que sólo la clase trabajadora puede derrocar a la burguesía; y (3) que la transición del gobierno de la burguesía al gobierno de la clase obrera no puede ser pacífica. A la muerte de Lenin en 1924, el liderato político pasó a José Stalin, cuyo objetivo vino a ser fortalecer a Rusia como potencia internacional y difundir desde allí el comunismo al resto del mundo. Su antagonista era León Trotsky, quien preconizaba todo lo contrario—que tenían que hacer hincapié, sobre todo, en la «revolución permanente», y emplear todas sus fuerzas y recursos en llevar el comunismo al mundo entero, en lugar de pensar primero en Rusia.

Con la muerte de Stalin en 1955, el comunismo soviético sufre nuevamente una tremenda conmoción. El hecho es que las interpretaciones del marxismo-leninismo de Nikita Kruschef y los demás sucesores de Stalin no coinciden con las de Lenin. Por ejemplo: Kruschef no hablaba tanto de la lucha de clases, sino más bien de la pacífica competencia económica entre los estados. Además, decía públicamente que no creía en una clase obrera occidental que echara abajo a su propia burguesía, sino que confiaba más en que los éxitos soviéticos impresionarían tanto a Occidente que, al final, los países occidentales acabarían por irse haciendo pacífica y gradualmente socialistas. Lo cierto es que todas las variantes del marxismo-leninismo muestran una gran discrepancia entre sí: el maoísmo, el titoismo, el fidelismo y el euro-comunismo, para mencionar sólo algunas.

El comunismo utópico

El caso de Rusia es peculiar por la importancia del país en el mundo y por haber servido de modelo en el pasado para otros países con regímenes comunistas parecidos. En la actualidad, sin embargo, son tantos los cambios que están sacudiendo lo que era antes el «mundo socialista» que todo lo relacionado con estos sistemas y gobiernos ha de considerarse estrictamente temporero. En fin, quizás hayan abandonado el comunismo como sistema de gobierno, pero lo nuevo permanece aún muy indefinido. Lo cierto es que las raíces de una verdadera democracia liberal son en ellos poco profundas.

Curiosamente, la etapa final, la meta del proceso histórico que trazaba Carlos Marx, está representada por una utopía que no difiere mucho de las utopías creadas por muchos otros pensadores dentro de la tradición socialista. En este verdadero estado comunista existirá una abundancia de bienes en una sociedad sin clases y sin explotación. Existirá una era dorada en que todos tienen la sabiduría de vivir y compartir sin la necesidad de la autoridad coercitiva encarnada en el estado. Esto es el comunismo, la verdadera meta, y lo que muchos consideran una simple utopía irrealizable.

Conclusión

No es aventurado, pues, afirmar que gran parte del problema gira en torno a la cuestión perenne de cuál debe ser la esfera de actividad del estado en la sociedad. El individuo desearía la libertad absoluta; pero como todos los demás la desean también simultáneamente, llega un momento en que surge el conflicto de libertades, las cuales crecen unas a costa de las otras. Entonces se hace indispensable un sistema de restricción de la libertad por un procedimiento autoritario; pero, otra vez, en cuanto esa regulación llega a ser incómoda, el individuo reacciona y clama por más libertad. Obviamente encontrar un término medio ideal entre la libertad y el orden resolvería el problema. Dicho ideal, sin embargo, no se alcanza nunca en forma permanente y su búsqueda es, precisamente, lo que explica la existencia de tantas ideologías diferentes.

Características claves de las principales ideologías políticas

POSICIÓN EN EL ESPECTRO IDEOLÓGICO	
anarquismo	IZQUIERDA RADICAL
comunismo socialismo	IZQUIERDA
liberalismo	CENTRO
conservadurismo	DERECHA
fascismo	DERECHA EXTREMA

VISIÓN DE LA NATURALEZA HUMANA	
anarquismo comunismo	SER HUMANO NO EGOÍSTA ENMINENTEMENTE SOCIABLE
socialismo liberalismo	SER HUMANO ALGO EGOÍSTA PERO SOCIABLE
conservadurismo fascismo	SER HUMANO NO EGOÍSTA, Y ANTISOCIAL, SALVO BAJO CONTROLES SOCIALES

PAPEL DEL ESTADO	
anarquismo	NINGUNO
comunismo	CENTRAL PARA ASEGURAR UNA DISTRIBUCIÓN
anarquismo conservadurismo	NINGUNO INDIVIDUALES
fascismo	TOTAL

PRINCIPALES VALORES	
anarquismo	COOPERACIÓN VOLUNTARIA
comunismo socialismo	IGUALDAD ECONÓMICA
liberalismo	LIBERTAD E IGUALDAD POLÍTICA
conservadurismo	LIBERTAD Y ORDEN
fascismo	ORDEN

MEDIO PREFERIDO DE EFECTUAR EL CAMBIO	
anarquismo comunismo	FUERZA Y REVOLUCIÓN
socialismo liberalismo conservadurismo	PERSUASIÓN Y ELECCIONES DEMOCRÁTICAS
fascismo	VIOLENCIA O GOLPE DE ESTADO

TERCERA PARTE

COMPORTAMIENTO POLÍTICO

Lo peor que puede ocurrir en una democracia es que el pueblo se sienta asqueado del nivel de su política. Si en la historia de este siglo hay una lección, ésta es que cuando un pueblo—sea el alemán, el argentino, el ruso—pierde la fe en el sistema democrático, cae inevitablemente en una dictadura.

Consecuentemente, en la medida en que el pueblo se siente más y más enajenado de la política, más se deteriora el nivel de la política, y mientras más enajenado está el pueblo, menos fiscaliza las acciones y declaraciones de los políticos—dándoles más libertad para ser irresponsables, y hasta corruptos. ¿Cómo corregir esto?

El 80 por ciento de los países del mundo son dictaduras. Esto no ha sido decretado por los dioses. En gran parte del mundo, y muy especialmente en América Latina, que tanto ha experimentado con sistemas democráticos, la dictadura es la "solución" a la política baja, barata, sucia. En país tras país, cuando los militares toman el poder, lo que prometen es "poner fin a la politiquería". Y en muchos casos, el pueblo aplaude.

Tiene que haber otra alternativa. Y no puede ser más evidente—la participación del pueblo en el proceso político. Participación de verdad: no partidismo ciego, incondicional, fanático, sino participación real en el sentido de analizar, juzgar y cuando llegue ese momento decisivo, votar.

Si la política es sucia, la manera de limpiarla es castigando a los políticos sucios. Para lograrlo, el ciudadano tendrá que oír a los políticos, escuchar su propaganda, leer sus declaraciones, y poco a poco separar unos de otros: separar a los políticos mentirosos, bajos, de los políticos de integridad.

A. W. Maldonado, EL MUNDO, San Juan, Puerto Rico, 2 de enero de 1980, pág. 9-A.

CAPÍTULO 4

Participación política

TÉRMINOS Y CONCEPTOS CLAVES

• Ciudadanía
  - *jus sanguinis y jus soli*
• Clases de Sufragio
  - secreto o público
  - universal o restringido
  - optativo u obligatorio
  - único o reforzado
  - directo o indirecto
• Colegio Electoral (EE.UU.)
• Representación política
  - mandato imperativo
  - mandato representativo
  - mandato partidista
• Representación funcional
• Sistemas electorales
  - uninominal
  - plurinominal
  - mononominal
  - mayoritario
  - representación proporcional
  - representación de minorías
• Participación democrática semidirecta
  - referendo
  - plebiscito
  - iniciativa popular
  - revocación popular
  - referendo de veto
  - opción
  - apelación popular de sentencia

Participación es la acción de tomar parte en algo, es decir, ser o actuar como partícipe, como integrante de un todo. Si se supone que la soberanía reside en el pueblo, se trata de un sistema democrático de gobierno. Y entre las democracias, es común distinguir entre dos clases: la directa y la indirecta. Puede servir de criterio para la distinción el carácter de la participación de los ciudadanos en la elaboración y toma de las decisiones: si intervienen por sí mismos, se está en presencia de la primera; si lo hacen por medio de representantes, de la segunda. La democracia directa ha desaparecido casi totalmente en la actualidad, debido al enorme crecimiento de la población de los estados y a la creciente complejidad de las funciones gubernamentales. La realidad de la democracia moderna es que no es el pueblo directamente, sino sus representantes, quienes ejercen la soberanía. Por esta razón, es de vital importancia que los individuos que conforman el estado democrático originen a la legislación vigente. Estos individuos son los ciudadanos de un estado.

La ciudadanía

Ser ciudadano de un estado determinado confiere al individuo una serie de derechos y obligaciones. La población de un estado puede incluir personas que no ostentan la ciudadanía. Son, generalmente, extranjeros o personas que son nacionales de otro estado, pero igualmente obligados a obedecer las leyes del país mientras residan dentro de su jurisdicción. Naturalmente, no gozan de unos derechos reservados exclusivamente para los ciudadanos como, por ejemplo: participación en el proceso político mediante el sufragio, tenencia de un cargo público o la protección diplomática que ofrece dicho estado cuando se viaja al exterior a otro estado que no es su país nacional. Súbditos son personas sujetas también a la autoridad del estado, sin gozar plenamente de los derechos inherentes a la ciudadanía.

La ciudadanía es, pues, el vínculo jurídico que une al individuo con el estado. Se adquiere (1) por nacimiento, (2) por selección, o (3) por imposición. Existen dos formas o modos de adquirirla por nacimiento:

jus sanguinis: La determinación de la ciudadanía por la sangre de los padres.

jus soli: La determinación de la ciudadanía por el lugar geográfico en donde nace el individuo, independientemente de la ciudadanía de sus padres.

La ciudadanía puede también obtenerse por selección (*jus obtandi*), es decir, mediante un proceso de naturalización individual o colectiva que cada estado establece según sus propios criterios. La ciudadanía por imposición se refiere a los casos en que un estado impone su ciudadanía sobre los habitantes de otro.

El vocablo crucial «política» y todos su derivados provienen del término griego *polis*, que equivale a ciudad o, con cierta tradicional impropiedad, *ciudad-estado*. La condición legal de la persona expresada por el vocablo *ciudadano* fue también un invento griego. Una particularidad interesante es que Aristóteles no era ciudadano de Atenas. Dado que su ciudad por adopción exigía un vínculo de sangre para la participación plena en los asuntos cívicos, él no pudo reunir los requisitos necesarios. En los Estados Unidos, para dar un ejemplo contrastante, la consanguinidad es sólo una de las maneras por las cuales una persona puede adquirir la ciudadanía. Además de proceder de padres norteamericanos, se puede ser ciudadano simplemente por haber nacido en los Estados Unidos, o también por medio del proceso de naturalización.

Los derechos

Para la existencia de una verdadera democracia, es requisito indispensable que el ciudadano goce de ciertos derechos básicos, entre ellos: la libertad de expresión, de asociación, de elección de los gobernantes, de residencia, de desplazamiento dentro del país, de salida de él y regreso, de petición, de crítica, de matrimonio, de elección de profesión. Naturalmente tales derechos nunca son absolutos. El verdadero significado del término libertad subraya la noción de ciertos límites en el ejercicio de estos derechos, los mismos fijados por la existencia de los derechos que igualmente tiene el prójimo.

De hecho, las declaraciones de derechos representan una fórmula que ha gozado de gran prestigio desde la Edad Media. Una de las primeras conocidas históricamente es la *Magna Carta*, otorgada en 1215 por el Rey Juan Sin Tierra de Inglaterra a los nobles, clérigos, y burgueses. Este documento forma parte de una larga evolución histórica, que empieza con ciertas formulaciones relativas a grupos específicos de ciudadanos. Éstas tenían el carácter de privilegios o concesiones excepcionales. Más tarde, adoptan formas más amplias, en las que están comprendidos todos los ciudadanos de un estado. Finalmente, culminan en las declaraciones universales, a favor de los seres humanos en cuanto tales, vinculadas a la nueva idea de humanidad.

Las declaraciones de derechos durante los siglos XVIII y XIX fueron de corte individualista. Con la llegada del siglo XX, sin embargo, las constituciones abarcaron otros campos: educación, familia, cultura. Más tarde, con la primera constitución soviética, la mexicana de 1917, y la de la República de Weimar (Alemania), figuran como materia constitucional unos derechos de carácter socioeconómico que las constituciones de los dos siglos precedentes habían excluido, tales como el trabajo, el seguro social y la asistencia médica y hospitalaria. Finalmente, ocurre un tránsito de la protección constitucional de los derechos humanos a su protección internacional—aunque sumamente imperfecta—mediante, por ejemplo, la "Declaración de Derechos Humanos de las Naciones Unidas".

Obviamente, muchos de estos derechos sólo pueden alcanzarse por medio de acción gubernamental, lo cual presupone un gobierno fuerte con amplios recursos. Cuando tal situación no existe, se trata más bien de una mera declaración de intenciones, un ideal que habrá de lograrse en el futuro.

Prácticamente todas las constituciones modernas contienen, en alguna forma, ciertas garantías para la protección de los derechos civiles de sus ciudadanos. Aun la constitución de la ex-Unión Soviética y las de los demás estados comunistas expresaban tales garantías. Por supuesto, la efectividad con que estas provisiones sean observadas varía de país a país. A veces existe la posibilidad de una suspensión legal de los derechos civiles en una situación de emergencia nacional mediante la declaración de la ley marcial o la proclamación de un estado de sitio. Ejercida normalmente por el ejecutivo, dicha prerrogativa es frecuentemente abusada. En ese preciso momento, deja de existir la democracia y surge la dictadura.

El sufragio

Un gobierno democrático finca su legitimidad en un proceso electoral en el que intervienen los ciudadanos facultados por la ley. El sufragio se refiere a la participación del individuo en este proceso. Es un derecho individual, un deber, y una función social. Es un derecho del individuo ligado con la condición misma del ciudadano miembro de la comunidad. Por ello es también un deber, tanto en lo jurídico como en lo ético: el ciudadano puede votar de acuerdo con la ley existente, y debe ejercer este derecho como un deber de conciencia. Finalmente, se trata además de una función social, ya que cuando el ciudadano interviene en la vida política para aprobar, desaprobar o seleccionar, refleja con su voto la opinión de la colectividad.

Clases de sufragio

•Público o secreto. Es *público* cuando el votante debe manifestar públicamente su voluntad para el conocimiento de cualquiera que se interese en ella, tanto en el momento de votación como posteriormente. Es *secreto* cuando no se da a conocer cómo ha emitido su voto cada sufragante. La democracia permite ambas variantes, pero hoy día se considera que el voto secreto ofrece una mayor protección para la auténtica expresión de la voluntad individual.

El voto público es empleado como práctica usual para la toma de decisiones en el seno de las asambleas. Esto ocurre incluso en los cuerpos legislativos, lo cual permite un control mediante la disciplina de partido. Sin embargo, para la elección de personas a cargos de autoridad, se ha impuesto el voto secreto como fórmula que permita garantizar la independencia del votante, evitando que pueda ser sujeto posteriormente a represalias.

• **Universal o restringido.** Es *universal* cuando se concede el voto en principio a todos por igual, y *restringido* cuando se extiende el mismo a sólo los que reúnen determinados requisitos. Pero los límites entre ambas variantes son ambiguos y cambiantes.

El sufragio nunca es absolutamente universal, pues siempre hay exclusiones por razón de nacionalidad, edad, incapacidad, residencia, etc. Hasta el sexo femenino se ha tenido como razón durante mucho tiempo. En algunos sistemas, el voto restringido se basa en el censo de contribuyentes, y por eso lo han denominado *censitario*. En ellos se limita el sufragio a sólo los que pagan impuestos. Otros sistemas requieren ciertos requisitos de capacidad intelectual, como leer y escribir, haber demostrado ciertos conocimientos o haber alcanzado determinado nivel educativo.

• **Optativo u obligatorio.** Es *optativo* cuando el ciudadano no tiene una obligación de votar y *obligatorio* en el caso contrario. La mayoría de las democracias modernas siguen el primer criterio, porque consideran el acto de votar un derecho que nadie está obligado a ejercer. Sin embargo, otras estiman la participación en la votación como un deber cuyo cumplimiento se exige bajo sanciones. Pero esta obligación no coarta la voluntad individual, ya que el sufragante aún tiene la libertad de votar «en blanco».

• **Único o reforzado.** El principio general es el del voto *único*, que se expresa gráficamente con la expresión «un individuo, un voto». En los distintos casos de voto *reforzado*, en cambio, se otorga a determinados ciudadanos un mayor poder electoral. No se trata, como en el caso del voto restringido, de otorgar el derecho de ejercer el sufragio sólo a algunos, sino que, aunque se otorga a todos, vale más el de algunos de ellos.

• **Directo o indirecto.** El sufragio es *directo* cuando los votantes designan directamente a los ocupantes de los cargos de gobierno. De esta manera, saben que su decisión influirá de manera directa en la selección de las autoridades políticas que los gobernarán. Es *indirecto* cuando los sufragantes eligen a algunos individuos quienes, posteriormente, determinan las personas que ocuparan los cargos públicos. El sufragio directo es el más empleado en la actualidad. Sin embargo, en los países de régimen parlamentario en que operan varios partidos, al no existir una mayoría claramente definida que integre el gobierno, se hace necesaria la formación de coaliciones entre partidos. En tales circunstancias, éstos asumen en la práctica el papel de intermediarios entre los votantes y las autoridades, las cuales no surgen ya directamente de la elección.

Un interesante ejemplo del sufragio indirecto es el modo de seleccionar al Presidente y Vicepresidente de los Estados unidos mediante el llamado *Colegio Electoral.*

El Colegio Electoral en EE.UU.

Aún en nuestro días, el pueblo norteamericano no elige en forma directa a su Presidente y Vicepresidente. Existe formalmente un procedimiento indirecto—el Colegio Electoral.

Según la constitución actual, cada estado de la Unión (más el Distrito de Columbia) escoge tantos miembros para el Colegio Electoral como legisladores tienen en su delegación al Congreso. Por consiguiente, si California tiene 52 representantes y 2 senadores, tiene derecho a 54 votos electorales, mientras que Alaska, con 1 representante y 2 senadores, tiene 3 votos electorales. La única excepción es el Distrito de Columbia que tiene un solo «delegado» en la Cámara de Representantes (sin voto), pero derecho a 3 votos electorales. Puerto Rico, sin embargo, no tiene voto electoral alguno.

El candidato que recibe la mayoría de los votos electorales —independientemente del voto popular obtenido— se declara presidente. Si, por el contrario, ninguno de los candidatos logra reunir la mayoría de los 538 votos electorales, la Cámara de Representantes tiene la responsabilidad de nombrar al presidente entre los tres candidatos con mayor votación. El Senado, en cambio, nombra al vicepresidente entre los dos candidatos para la vicepresidencia con el mayor número de votos. En esta selección, los senadores votan como individuos, pero los representantes votan por estado. A cada estado se le asigna un sólo voto.

Como práctica, cada estado da todos sus votos electorales al candidato del partido que gana la mayoría del voto popular en dicho estado. Cuando hay varios candidatos y ninguno logra mayoría, el que obtiene la mayor cantidad del voto popular recibe la totalidad de los votos electorales del estado. Por ejemplo: cuando John F. Kennedy ganó en el estado de Hawaii (1960) por un escaso margen de 115 votos, le correspondían igual los tres votos electorales del estado. También en la elección de 1884, Grover Cleveland ganó en el estado de Nueva York—entonces el más poblado— por sólo 1149 votos; pero esta pequeña cantidad resultó suficiente para darle todos los 36 votos electorales del estado. En vista de esta práctica, es muy factible que si un candidato gana por un margen pequeño en varios estados claves pudiera obtener el número requerido de votos electorales para ganar la elección sin recibir necesariamente la mayor cantidad de votos populares.

De hecho, cuatro veces en la historia electoral estadounidense (1824, 1876, 1888 y 2000), ha sucedido que un candidato para la presidencia recibe nacionalmente más votos populares, pero no obtiene una mayoría en el Colegio Electoral y pierde la elección. Esta situación aparentemente poco democrática ha provocado varias tentativas de reforma mediante una enmienda constitucional—todas, hasta la fecha, sin éxito.

En muchos países las elecciones han tenido y tienen muy poco o nada que ver con el pueblo, ya que la participación sigue siendo un privilegio de los ricos y poderosos. Por largos años se le negó el voto a los esclavos, a las mujeres, y a los varones libres que no tuvieran propiedad o no supieran leer y escribir. No fue hasta la segunda mitad del siglo XIX que se le concedió el voto a los varones sin propiedad. Esto ocurre en 1848 en Francia, 1869 en España, 1870 en Estados Unidos, y 1871 en Alemania. Pero el movimiento básicamente se detuvo hasta después de la Primera Guerra Mundial, a partir de 1917-1919 y aún limitado sólo a Europa, Norte y Sur América. Además, se conservó casi siempre el requisito de sabe leer y escribir hasta bien entrado el siglo XX. Mientras los varones votaban, a las mujeres se les negó participar de la democracia electoral. Estas no obtuvieron el derecho de votar hasta 1893 en Nueva Zelandia, 1906 en Finlandia, 1913 en Noruega, 1917 en Rusia y los Países Bajos, 1919 en Alemania y Checoslavaquia, 1920 en Estados Unidos, 1928 en Inglaterra, 1929 en Ecuador y Puerto Rico, 1931 en España, 1944 en Francia, y 1971 en Suiza.

La conclusión es obvia: el sufragio universal o la democracia electoral es un fenómeno muy reciente en la historia de la humanidad. Podría afirmarse que es sólo una realidad desde los últimos 40 a 50 años, y únicamente en algunos países con regímenes democráticos de gobierno.

Representación y sistemas electorales

El punto sensible y directo de la influencia del ciudadano sobre su gobierno ocurre cuando el pueblo elige a un individuo o pequeño grupo entre ellos para representar sus intereses. Pero, ¿a quién representan en realidad los representantes, y cómo deben éstos desempeñar esa función? En el estado democrático moderno la idea fundamental es que los miembros de la asamblea legislativa representan al conjunto del pueblo con el objeto de expresar su voluntad. Existen tres teorías de representación política, a saber: mandato imperativo, mandato representativo y mandato partidista.

- ***Mandato imperativo***. *Según esta teoría, el mandatario actúa como una especie de delegado del grupo o distrito que lo designa, sujeto estrictamente a las instrucciones o deseos del grupo que representa.*
- ***Mandato representativo***. *Esta teoría postula la idea de que el mandatario representa los intereses comunes de*

la colectividad y, por ende, no está ligado en ninguna medida a instrucciones de los grupos o distritos que lo han designado.

- *Mandato partidista. El surgimiento de los partidos políticos ha provocado esta tercera interpretación de representación política. Según ella, el mandatario tiene una obligación de dar prioridad a los intereses de su partido político sobre los del grupo o distrito que lo ha designado o sobre consideraciones de su propia conciencia.*

Casi todas las democracias fundadas en la doctrina de la representación política presumen que se logra la voluntad de la nación entera a través de la expresión de voluntades individuales. Sin embargo, algunos pensadores políticos rechazan tal conceptualización por considerar que los representantes nombrados bajo esta doctrina tienden a ligarse con individuos o grupos cuyos intereses propios no coinciden con los del pueblo en general.

• **Representación funcional.** Esta modalidad propugna precisamente la idea de que la nación no está formada por voluntades individuales, sino por numerosos grupos cuyos integrantes tienen idénticos intereses a defender mediante acción política. Si se acepta esta premisa como válida, un remedio lógico sería darles a tales grupos una participación propia y directa en el gobierno. Tal ha sido, en efecto, el propósito de las doctrinas de representación funcional: lograr a través de unos grupos intermedios—étnicos, vocacionales, de clase social, etc.—una más auténtica representación.

Entre las doctrinas de representación funcional figura el «guildismo» inglés cuyo principal exponente fue G.D.H. Cole, y otras que en un momento dado se manifestaron en nuevos regímenes políticos, tales como el fascismo italiano, el corporativismo portugés, y el falangismo español.

Otra consideración importante es sobre cuál debe ser la base electoral. Los sistemas electorales determinan el modo de distribuir y adjudicar los cargos electivos de acuerdo con los resultados electorales. Dichos sistemas suelen edificarse sobre una base territorial, es decir, tomando en cuenta la relación del número de cargos por cubrir con la cantidad de votantes presentes en determinadas divisiones espaciales. Según este criterio, cabe clasificar los sistemas electorales en: uninominal, plurinominal y mononominal.

• **Uninominal**. Los distritos electorales son uninominales cuando el territorio del estado se divide en tantas zonas como haya cargos por cubrir en la elección. Hay, por consiguiente, un cargo por distrito electoral y cada votante residente tiene el derecho de votar por un solo candidato para cubrir dicho cargo. Este sistema se usa en los Estados Unidos para la Cámara de Representantes de acuerdo con el principio de «un individuo, un voto», o sea, que los distritos electorales deben ser aproximadamente iguales en términos de su población. Originalmente hubo un representante por cada 30,000 habitantes del país. Si se aplicara esta norma hoy día, obligaría a la creación de una Cámara de Representantes con unos 6,700 escaños. Por esta razón, se ha fijado el número de escaños en 435, los mismos distribuidos entre los estados de acuerdo con los resultados del censo que el gobierno está obligado constitucionalmente a realizar cada diez años.

• **Plurinominal**. Los distritos electorales son plurinominales cuando se propone asignar varios representantes a cada zona geográfica. En este caso, cada votante residente vota por un número de candidatos que es igual a la cantidad de cargos atribuidos a su respectivo distrito electoral. Es el sistema que ha predominado en la mayoría de los estados del mundo.

• **Mononominal.** Existe el distrito electoral mononominal cuando no hay división territorial del país a los efectos electorales y, por consiguiente, cada votante vota por tantos candidatos como cargos haya que cubrir en el país entero. Una variante de este sistema existe en Israel. Allí todo el país constituye un solo distrito electoral para efectos de la selección de los miembros del parlamento nacional. En las elecciones para estos escaños, cada partido presenta una lista de 120 candidatos en orden de prioridad. Los electores votan, sin embargo, por partido y no por los candidatos individuales que figuran en dichas listas. Como resultado, si un partido gana 25% de los votos, saldrán electos los primeros 30 candidatos de su lista. Tal sistema fomenta la representación multipartidista en su asamblea legislativa.

Hay aún otras variantes de sistemas electorales que propenden a que la representación sea un más fiel reflejo de las preferencias de los votantes. Estos sistemas pueden ser clasificados en mayoritario, de representación proporcional y de representación de las minorías.

•**Mayoritario.** El sistema electoral mayoritario es aquel por el cual se designan los cargos en cada distrito electoral—uninominal o plurinominal—al candidato o lista de candidatos que obtiene mayor número de votos. Por lo común, se requiere solamente una *mayoría relativa*. Pero en algunos sistemas se requiere una *mayoría absoluta*. Para ello, y ante la posibilidad de que la mayoría absoluta no se obtenga en la primera votación, se recurre a una segunda votación—limitada, normalmente, sólo a los dos candidatos que obtienen más votos en la primera. Tal sistema se llama comúnmente de *doble turno*.

•**Representación proporcional**. El sistema de representación proporcional se caracteriza por el propósito de asignar los cargos en las asambleas legislativas de tal modo que su distribución numérica por partidos, listas, o tendencias corresponda matemáticamente a la distribución de estas agrupaciones en el cuerpo electoral. Dicho de otro modo, el objeto de tal sistema consiste en obtener que la composición política del grupo de representantes refleje con la mayor exactitud posible la composición política de los votantes.

•**Representación de las minorías**. El sistema electoral que tiene por finalidad acordar representación a las minorías, o por lo menos a algunas de ellas, ofrece numerosas variantes. Una de ellas se llama del *voto limitado*. De acuerdo con este sistema, cada votante se ve obligado a votar por un número de candidatos inferior al de cargos por cubrir. Otro sistema que acuerda representación a las minorías es el del *voto acumulado*, por el cual cada votante dispone de tantos votos cuantos son los cargos por cubrir, pero tiene además opción para dar todos los votos a un solo candidato o distribuirlos como mejor le plazca. En este sistema, como es obvio, el escrutinio se hace necesariamente por candidato individual y no por lista de candidatos. Está de más decir que, en los dos sistemas que acabamos de examinar, los distritos deben ser plurinominales.

Participación democrática semidirecta

Puede argumentarse que un pueblo no practica realmente la democracia cuando su única participación en la formulación de las leyes se limita a escoger periódicamente las personas responsables de su confección. Como una tentativa para remediar parcialmente esta situación, en algunos sistemas representativos, se ha introducido otra variante: la participación democrática semidirecta.

La participación semidirecta puede manifestarse cuando existen ciertos procedimientos que permiten una intervención directa de los votantes en la función gubernativa normalmente realizada por sus representantes políticos. Pero tales formas semidirectas no deben ser confundidas con la democracia directa. Los principales mecanismos de participación semidirecta son:

• **Referendo y plebiscito.** El referendo y el plebiscito son, para algunos, dos nombres diferentes de una misma forma semidirecta de participación democrática. Pero generalmente el referendo se refiere al procedimiento mediante el cual los ciudadanos ratifican o desaprueban ciertas decisiones adoptadas por los órganos representativos. El plebiscito, en cambio, es un procedimiento semejante al anterior, pero que tiene por objeto la adopción directa por parte del pueblo de decisiones políticas sobre determinados problemas fundamentales—como, por ejemplo, la cuestión de la condición política del país.

• **Iniciativa popular.** La iniciativa popular es la facultad que tienen los ciudadanos de proponer directamente un proyecto de ley, una reforma constitucional u otra medida de gobierno. Se trata de proyectos de ley que una vez propuestos se someten al electorado en pleno para su aprobación o rechazo. Al recibir el visto bueno del electorado, se convierten en leyes. Varían los requisitos para poner en marcha el procedimiento, pero normalmente se requiere, como mínimo, una petición firmada por un elevado número de votantes elegibles como evidencia del sentir de la comunidad política a favor de la propuesta medida.

• **Revocación popular.** La revocación popular es un procedimiento para destituir a los representantes o funcionarios políticos antes de que cumplan el plazo fijado para su mandato. Constituye una facultad del electorado poder requerir que se convoque a elecciones especiales con el fin de determinar si el ocupante de un cargo electivo debe permanecer o no en él. El número de ciudadanos necesario para poner en marcha el procedimiento consiste generalmente en un determinado porcentaje de los que votaron para el cargo en cuestión en la previa elección. El objeto de la revocación popular radica en mantener a los funcionarios públicos constantemente responsables ante sus electores.

Además de las examinadas, existen otras formas semidirectas de participación democrática que tienen, hasta la fecha, menos uso. El *referendo de veto*, por ejemplo, consiste en la desaprobación de una ley ya dictada, que ha comenzado a regir y que seguirá rigiendo si nadie inicia el procedimiento. La *opción*, en cambio, consiste en someter a la decisión del cuerpo electoral varias alternativas. Finalmente, existe también el procedimiento calificado la *apelación popular de sentencia* que permite a los votantes confirmar o anular una sentencia judicial que ha declarado inconstitucional una ley existente.

CAPÍTULO 5

Actividades políticas grupales

Las decisiones adoptadas por el gobierno representan el producto final de un largo proceso. Se puede visualizar el proceso político como la interacción entre quienes toman las decisiones gubernamentales y los grupos dentro de la sociedad que resultan favorecidos o perjudicados por las mismas. Entre ellos figuran los grupos que han sido denominados grupos de presión (o interés) y los partidos políticos.

Los grupos de cabildeo

El régimen democrático ha fomentado las entidades políticas conocidas como grupos de presión y grupos de interés. Estos grupos tratan de alcanzar sus metas políticas por medio de tentativas de influir en los políticos, en los administradores públicos y en los legisladores.

- *Grupos de presión: son los que obran para alcanzar objetivos especialmente ventajosos para ellos mismos.*
- *Grupos de interés: son los que sostienen que sus metas son beneficiosas para todos.*

Estos grupos son numerosos y diversos, lo que hace difícil definir su verdadera naturaleza. Incluyen, por ejemplo: las agrupaciones patronales, los sindicatos, las asociaciones religiosas y los movimientos cuyo fin se limita a una sola demanda específica. Lo que une a todos ellos es que se trata de grupos organizados para la defensa de sus intereses mediante acción política. Tienden a concentrar sus esfuerzos de cabildeo en el sector político propiamente dicho, pero no buscan directamente la conquista del poder del estado. Persiguen influir sobre las decisiones del gobierno sin tratar de constituirse en el centro de decisión mismo. Tales grupos existen de manera permanente y cuentan con una estructura y organización que les permite alcanzar con eficacia los objetivos que se plantean. El alcance del poder de los grupos de presión está en relación directa con los medios financieros a su disposición, el número de afiliados, así como de la influencia que son capaces de ejercer en la vida social o de sus relaciones con las autoridades públicas.

De hecho, el principal método de acción de dichos grupos consiste en ejercer presión sobre el gobierno a través de la persuasión, acudiendo a los legisladores, altos funcionarios civiles y militares y políticos prestigiosos. Menos frecuente es el método de corrupción mediante el soborno de estos mismos personajes públicos. También tratan de influir en la llamada opinión pública, porque así pueden más fácilmente convencer a los que determinan la política pública que el pueblo está con ellos y apoya su causa. Todas estas acciones son perfectamente legítimas en un régimen democrático mientras las mismas se mantienen dentro de los límites de la ley.

Tradicionalmente, el cabildeo se ha referido más bien a los esfuerzos que se realizan para influir en la opinión que sobre una cuestión pública ha de tener un legislador. En una democracia, los políticos saben que el sistema garantiza al pueblo su derecho de acceso a él, y de hecho el «pueblo» no vacila en registrar sus demandas y sus quejas por medio de llamadas, visitas, cartas, telegramas y editoriales, así como de representantes de grupos de intereses organizados.

Muchos grupos de presión emplean especialistas cuyo trabajo consiste en presentarse a legisladores ocupados con sucintos y útiles argumentos sobre legislación concerniente a sus intereses particulares. La mayoría de dichos grupos tienen sus representantes presentes en las audiencias de las cámaras legislativas, listos a proporcionar datos e información pertinente en un intento de hacer prevalecer sus puntos de vista. Naturalmente, las presentaciones tienden a favorecer sus respectivas causas; pero las mismas ofrecen al legislador nuevas perspectivas que le ayudan a determinar su posición y su voto.

Sin embargo, el cabildeo de los grupos de presión no se limita exclusivamente a la rama legislativa del gobierno. Las facultades reguladoras cada vez más amplias de los departamentos ejecutivos han conducido, como es lógico, a los grupos de interés a preocuparse por los administradores no elegidos que elaboran y administran la política pública. Puesto que toman decisiones en la administración de leyes que afectan adversa o positivamente la libertad y la propiedad de los ciudadanos y de las compañías, los administradores públicos no pueden eludir las presiones de grupos de intereses especiales. Menos importante es la rama judicial, pero algunos grupos de presión intentan controlar por lo menos la selección de jueces, ya que la filosofía política y económica de un juez puede muy bien favorecer o perjudicar los intereses de ellos.

La vasta mayoría de los grupos de presión tratan de obtener ventajas especiales para las organizaciones, asociaciones o industrias en el sector privado. Pero un fenómeno cada día más frecuente en Washington, por ejemplo, es el de grupos que representan en varias formas los intereses de alguna entidad gubernamental o de sus empleados. De este modo se encuentran allí representantes de los estados más poblados, como California, Nueva York e Illinois. Entre las ciudades que mantienen oficinas en la capital norteamericana figuran Nueva York, Los Ángeles y San Juan de Puerto Rico. Inclusive, ciertos sectores del mismo gobierno federal tienen facultades de cabildeo que emplean para mejorar sus condiciones de trabajo. Existen, además, otras asociaciones profesionales que ejercen considerable presión sobre el Congreso y la rama ejecutiva para que se adopten las políticas por las cuales ellas abogan dentro de sus respectivas agencias gubernamentales.

La conclusión es que cuando existe un gobierno ejercido por el pueblo, éste puede ser influido. Un ambiente que permite que florezcan los grupos de intereses especiales ayuda a mantener abiertos los cauces para la práctica eficaz de la política democrática.

Los partidos políticos

Los partidos políticos son las organizaciones que seleccionan los candidatos para los puestos de liderazgo político en la sociedad, definen las cuestiones y normas públicas generales que deben guiar la gestión del gobierno y tratan de influir al electorado para que apoye, mediante el voto, los candidatos que se identifican con sus ideas e ideales. En toda sociedad moderna existen grupos y sectores con intereses particulares y con visiones diferentes sobre lo que debe o no debe hacer el gobierno. Por esta razón, en una democracia genuina los partidos políticos siempre han de desempeñarse dentro de un ambiente de intensa rivalidad y competencia en su empeño de lograr victorias electorales.

Poco se sabe sobre los orígenes de los partidos políticos. Es posible que hayan existido, de una u otra manera, a lo largo de toda la historia de la humanidad y simultáneamente en diversas zonas geográficas del mundo. Su raíz se encuentra en las discrepancias que surgen entre grupos sociales sobre la manera de resolver los más fundamentales problemas que caracterizan la vida en toda sociedad. Pero nos interesan, en particular, los partidos políticos que han surgido como secuela del sistema democrático de gobierno, para servir como intermediarios entre el pueblo y su gobierno. En este contexto, los partidos políticos son agrupaciones de ciudadanos cuyo fin inmediato es el acceso al poder político y el ejercicio del mismo para establecer y defender un orden público que responda a las convicciones de sus miembros.

Los partidos políticos se asemejan a los grupos de presión, porque tienen organización permanente y actúan políticamente; pero se distinguen por las siguientes características:

- *sus integrantes comparten una visión general de la política en lugar de defender sólo un interés especial;*
- *obran activamente para que algunos de sus miembros ocupen cargos públicos;*
- *participan en las competencias electorales como un medio de acción para influir en el proceso de la adopción de decisiones políticas;*
- *están dispuestos a asumir la responsabilidad para la conducción del gobierno.*

Todo partido político apoya alguna ideología y algún sistema económico. Esto implica que tienden a defender los intereses de determinadas agrupaciones económicas y sociales. Los partidos actúan dentro del marco jurídico que establece cada jurisdicción política y sirven para legitimar el sistema político prevaleciente. Dicho de otro modo, ayudan y dan su apoyo al estado en su función de reproducir y conservar la estructura económica, social y política existente. En lo que se refiere a las funciones de los partidos creados para actuar dentro del sistema democrático, consideramos las siguientes:

- *encauzar la voluntad popular*
- *educar al ciudadano para encarar su responsabilidad cívica*
- *servir de eslabón entre la opinión pública y el gobierno*
- *seleccionar la élite que debe conducir los destinos del país*
- *proyectar la política del gobierno y controlar su ejecución*

Una última función, más genérica en naturaleza, consiste en recoger las demandas expresadas por los múltiples intereses existentes dentro de la sociedad, integrándolas y ajustándolas a su visión de las necesidades y del bienestar nacional. En fin, los partidos políticos en una democracia desempeñan fundamentalmente la función de la selección o la unificación de demandas.

Entre todas estas funciones, quizás la más interesante en una democracia es la selección de candidatos para ocupar cargos públicos. Para la postulación, los partidos políticos emplean tres procedimientos básicos: el caucus, la convención y la primaria directa.

•**El caucus**. La palabra caucus se refiere a la reunión de algunos líderes claves de un partido político quienes pretenden determinar los candidatos que recibirán la postulación del partido en las elecciones generales. El fin de la reunión es llegar a un acuerdo sobre los nominados o postulados antes de someter sus nombres al partido para una confirmación formal. El caucus representa el método más antiguo de postular candidatos, además de ser el más sencillo y el menos costoso. También fortalece el control que tiene el partido sobre sus respectivos candidatos para cargos públicos. Sin embargo, el método tiene el defecto de ser antidemocrático. Además, se presta para arreglos dudosos entre los candidatos y el liderato que los selecciona, puesto que cada postulado conoce muy bien a quién debe su endoso.

•**La convención**. Esta es una asamblea de delegados de un partido político que tiene la encomienda de elegir los miembros que aspiran a ser los candidatos oficiales. La convención escoge generalmente entre los candidatos declarados que reúnen los requisitos legales. En teoría, se cree que la convención remedia las desventajas del método de postulación del caucus. En la práctica, sin embargo, esta forma también ha sido manipulada o dominada por el liderato tradicional del partido. Tampoco cambia en lo esencial la situación de dependencia y control que tiene el partido sobre los candidatos.

•**La primaria directa.** Este método permite la participación de todos los miembros del partido en la selección de los candidatos que han de representar el mismo en los comicios generales. En una elección primaria, el votante escoge entre dos o más correligionarios que estén buscando la postulación y el que gane la mayor cantidad de votos se convierte automáticamente en el candidato oficial que su partido está obligado a respaldar.

El sistema de primaria directa es el más democrático ideado hasta ahora, pero se requiere una suma inmensa de dinero para administrar las elecciones primarias y para financiar las costosas campañas que realizan los candidatos. Además, si se requiere una mayoría de la totalidad de votos y se presentan varios candidatos, se celebra una segunda votación. La lucha entre representantes del mismo partido puede también conducir a serias divisiones que a veces entorpecen o perjudican las posibilidades de victoria del partido en las elecciones generales. Finalmente, el método debilita, de una manera muy adversa, los mecanismos de control que vinculan a los candidatos con el partido y su liderato oficial. Esto produce, necesariamente, candidatos independientes—que son miembros de un partido, pero no actúan bajo obligaciones con el partido. El resultado: no hay disciplina alguna de partido cuando sus miembros pueden obrar según sus propios criterios.

Hay diferentes formas de la primaria directa. Se reconocen cuatro tipos:

- *La primaria cerrada: el votante recibe sólo la papeleta del partido del cual es miembro matriculado o que ha declarado públicamente su intención de apoyar.*
- *La primaria abierta: el votante tiene acceso a la papeleta de cualquier partido político.*

- **La primaria libre:** *una variante de la primaria abierta, el votante no tiene que revelar su afiliación. Selecciona la papeleta del partido de su preferencia justo en el momento de votar dentro de la caseta electoral.*
- **La primaria no-partidista:** *la papeleta no indica la afiliación de partido de los candidatos. Los dos postulados con la mayor cantidad de votos se convierten en contrincantes para las elecciones generales.*

En contraste con la creencia de que los partidos políticos deben mostrar una orientación rígidamente dogmática, la experiencia histórica indica frecuentes cambios programáticos y aun doctrinarios en los partidos que gozan de una larga existencia. Por ejemplo, la flexibilidad doctrinaria explica en gran medida la supervivencia de los dos grandes partidos políticos norteamericanos.

En sistemas de democracia liberal, los partidos dedican mucho tiempo y esfuerzo a la comunicación y a la propaganda. Así contribuyen a la formación de la opinión pública sobre posibles soluciones a los problemas de la sociedad, así como de las personas que cada partido considera mejor capacitadas para la consecución de los fines trazados. Naturalmente, su existencia asegura la transferencia del poder o sucesión pacífica de un grupo a otro, y al partido que gana le toca administrar el gobierno. A los partidos que no llegan a ocupar el poder, les toca estar en oposición, desempeñando una función crítica y fiscalizadora respecto a la obra del partido de gobierno.

Como es de esperarse, los partidos políticos de sistemas no democráticos sirven otros propósitos, imponiendo dogmáticamente su ideología y exigiendo una adhesión incondicionada—por ejemplo, los partidos comunistas en la la China

Popular y Cuba. En ellos, el partido pretende defender los intereses reales de los trabajadores. Sin embargo, en la práctica, ser miembro del partido único se limita a sólo unos privilegiados quienes, a su vez, designan el control del estado a un pequeño grupo de entre ellos. Una concentración de poder tan enorme en manos de «el partido» cuando llega a dominar una sociedad produce un control absoluto que, en realidad, impide que la clase obrera participe efectivamente en la toma de decisiones. Este fenómeno fomenta una desigualdad que tiene el efecto de alejar el partido de la clase cuyos intereses supuestamente representa.

En cuanto a diferentes sistemas de partidos políticos, la formulación más común es una clasificación tripartita, a saber: monopartidismo, bipartidismo y multipartidismo.

La existencia de un solo partido político resulta incompatible con el sistema democrático, constitucional y representativo. El partido único representa, sin embargo, un rasgo característico de todos los estados totalitarios que han existido (v.g., Alemania nazi) o existen (v.g., China Popular). En algunos de los países recientemente descolonizados, los partidos únicos se han destacado en la tarea de realizaciones rápidas y efectivas que difícilmente se hubieran hecho con un sistema de pluralidad de partidos. Aun así, la existencia de un solo partido político no concuerda con la idea esencial de gobierno democrático.

Los sistemas democráticos constitucionalmente estables de los países anglosajones (Gran Bretaña, Estados Unidos de América, Canadá, Australia, Nueva Zelandia) han tenido y tienen sistemas bipartidistas. Igualmente lo tiene la República Alemana Federal, a diferencia del que tuvo la República Alemana de Weimar. También cabe señalar que tienen sistemas multipartidistas las democracias igualmente estables de Suecia, Noruega, Dinamarca, Holanda, Bélgica y Suiza, así como las de Francia e Italia que son menos estables. Pero vale decir que entre las subclasificaciones de bipartidismo y multipartidismo, ninguno de los dos tipos garantiza estabilidad política.

En cuanto a los partidos mismos, hay diferentes tipos que también pueden clasificarse según distintos criterios. Por ejemplo: si tomamos una perspectiva ideológica, haremos referencia a las diferentes actitudes que pueden tener los partidos con respecto al cambio social, económico y político. Los partidos de *derecha* son los que no desean cambios y quieren reproducir o conservar la formación socioeconómica básicamente intacta. Los partidos de *centro* promueven unas reformas en el sistema actual, pero sin cambios fundamentales. Los partidos de *izquierda* abogan por cambios radicales en el sistema económico y en las estructuras sociales, así como en las mismas instituciones políticas.

Desde una perspectiva clasista, se pueden categorizar los partidos políticos en los que se apoyan en una sola clase social en particular (*monoclasista*) o varias clases (*policlasista*). También se puede hacer una clasificación de partidos por su estructura interna y por la forma de tomar decisiones, o sea, en los más o menos democráticos o más o menos oligárquicos. En este caso se pretende destacar el grado de democracia interna existente en un partido político. La clasificación de los partidos por su funcionamiento temporal se refiere a si el partido es uno «a tiempo completo» o es sólo un partido electoralista; es decir, se quiere determinar si un partido funciona en forma permanente y constante en diversas actividades o si se organiza sólo durante las elecciones. Por último, la clasificación según la estructura del liderazgo se refiere a si el partido es uno de tres tipos: *de cuadros, de masas* o *de clientela*.

- *El **partido de cuadros** es aquel que depende para su financiamiento de los sectores pudientes del país y cuyo* *liderazgo proviene de un pequeño grupo de élites. Este tipo es muy antiguo y sigue existiendo, aunque hoy día trata de identificarse como partido de masas tanto en su propaganda como en la forma de organizarse para los comicios.*

- *El **partido de masas** depende fundamentalmente de las masas para su financiamiento del partido. Requiere que sus miembros paguen una pequeña cuota mensual, y rara vez pueden contar con el apoyo financiero de un miembro o grupo pudiente. Estos partidos son recientes (siglo XX) y sólo surgen cuando a los sectores humildes se les concede el derecho al voto. Los primeros partidos socialistas se organizaron de esta forma. Tienden a formar pequeñas cédulas o comités del partido en el mismo lugar de trabajo, donde se pretende recoger los fondos y promover una educación política.*

- *El **partido de clientela** es aquel que consigue apoyo y miembros que trabajen, ofreciendo directamente unos beneficios económicos como empleo o ayudas.*

La clasificación según el liderazgo es complicada, ya que muchos partidos podrían parecer tener características de los tres tipos. Aunque esto es cierto, habría que determinar cuál es el que predomina en un momento dado.

Finalmente, a diferencia de los partidos políticos compatibles con la democracia, hay otros que operan dentro de dicho régimen, pero en busca de su destrucción. Son los llamados partidos clandestinos dispuestos a usar la fuerza y la violencia para llegar al poder. Actuando al margen del sistema o abiertamente en oposición a él, pretenden encauzar la voluntad popular en contra de la democracia. Tampoco cumplen las funciones de servir de eslabón entre la opinión pública y el gobierno, seleccionar a los dirigentes políticos o asumir la responsabilidad para la conducción del estado —por lo menos bajo el actual sistema. Todo lo contrario: lo atacan con la intención de abatirlo.

Opinión pública

TÉRMINOS Y CONCEPTOS CLAVES

- Opinión pública
  - características básicas

- Propaganda
  - características básicas
  - pagada o no-pagada
  - sus medios
  - sus reglas básicas

Una tercera forma de acción grupal del pueblo en la política consiste en una actividad algo más amorfa. A diferencia de lo que ocurre con los grupos de interés y de presión y con los partidos políticos, que actúan de una manera bastante organizada, el pueblo influye en otras ocasiones de un modo menos encauzado pero no menos real y efectivo. Se trata del fenómeno de la opinión pública. Esta existe cuando quienes no están en el gobierno de un país reclaman el derecho a expresar opiniones políticas libre y públicamente con la expectativa de que dichas opiniones influyan o determinen la política, el personal y las acciones de su gobierno.

La opinión pública es un estado de conciencia colectiva acerca de cuestiones de interés público en el ámbito local, nacional o mundial. Tampoco es imprescindible que trate de una cuestión de naturaleza política, aunque ésta es, sin duda, la especie más importante. La calificación «pública» significa, además, varias cosas: que no es individual, que no es secreta, y que se refiere a una cuestión que interesa a muchos. Implica, de hecho, la expresión de una actitud de algún modo uniforme dada por un grupo determinado sobre cuestiones políticas de actualidad. Sin un mínimo de homogeneidad, no puede existir opinión pública, sino más bien meras corrientes de opiniones diferentes. Claro está, la opinión pública nunca permanece inmóvil: es por naturaleza fluctuante y susceptible de cambios.

El público que da su opinión no es todo el pueblo, sino sólo aquella parte activa y enérgica que desea imponer sus ideas. El proceso formativo de la opinión pública comienza con las fuerzas políticas dentro de la sociedad. Por ejemplo: un partido político, un grupo de presión, un periódico, además del individuo, pueden iniciar o intervenir en el debate que llega a constituir, eventualmente, la opinión pública propiamente dicha. Los medios utilizados para causar impacto varían según el régimen o sociedad: tambores, reuniones tribales, la prensa escrita, el libro, el folleto, el volante, el cine, la radio,la televisión, etc. Sin embargo, el fenómeno de la opinión pública como objeto de estudio ha surgido y se ha desarrollado en directa vinculación con el régimen político conocido como la democracia liberal o constitucional. En efecto, es sólo la democracia constitucional el régimen que pretende proporcionar las condiciones que posibilitan y favorecen la formación de la opinión pública (libertad de información, de expresión, de reunión, de asociación; la existencia institucionalizada de una oposición, etc.). Al mismo tiempo, dicho régimen necesita la opinión pública para su buen funcionamiento. Desde luego, la opinión pública existe también en los regímenes totalitarios o autoritarios; pero gravita mucho menos sobre los líderes que en ellos monopolizan el proceso decisorio.

La democracia constitucional acepta como premisa básica que el pueblo no solamente elige a sus líderes, sino que sus opiniones también influirán posteriormente sobre las decisiones que dichos líderes habrán de adoptar. Pero para poder influir sobre sus representantes, el pueblo tiene que conocer bien las cuestiones en contención y, luego, utilizar los medios adecuados para que sus opiniones lleguen al conocimiento de los funcionarios públicos. Los estudios indican, sin embargo, que la vasta mayoría del pueblo no sigue de cerca las principales cuestiones políticas; tampoco está familiarizado con la estructura y el funcionamiento de su gobierno; no puede ni siquiera identificar a los más altos oficiales políticos; y su expresión de opinión se limita fundamentalmente al voto. Esto explica, en parte, la dificultad que tienen los políticos para averiguar exactamente lo que el «pueblo» piensa.

Con el auge de los medios masivos de comunicación, existe la posibilidad —sobre todo cuando éstos son controlados por partidos o estados totalitarios— que la opinión pública sea simplemente el resultado de ideas promulgadas por dichos medios. La tecnología de la comunicación masiva ha concentrado cada vez más en menos manos la recolección y difusión de las noticias. Así permite que los periodistas tengan un público insólitamente numeroso. La prensa es ya en muchos países extremadamente partidista, portavoz de determinados intereses, temarios y posiciones. Por eso, el peligro se agrava aún más cuando se trata de la televisión, que tiene la capacidad para abarcar grandes sectores de la población. Bueno es recordar que las operaciones y actividades de los medios de comunicación afectan profundamente a otros componentes del sistema político, y la democracia necesita canales por los que fluya la información libre y sin distorsiones.

Una de las grandes preocupaciones en las democracias de nuestro tiempo gira en torno a los efectos probables de la televisión y otros medios de comunicación sobre las campañas políticas y las elecciones. Dan la impresión de vender candidatos como si se tratara de detergentes para vajilla. ¿Es cierta la sentencia de Marshall McLuhan que «el medio es el mensaje» y que los votantes pueden muy fácilmente ser manipulados por los medios de comunicación? El consenso general entre los especialistas que han examinado con cuidado el asunto es que los votantes no son tontos y saben distinguir. Por consiguiente, en la mayoría de los casos, las superficialidades de la imagen externa no constituyen el factor decisivo en los resultados de las elecciones.

Pese a la dificultad en definirla, la opinión pública está siempre presente y, en ocasiones, puede influir grandemente tanto sobre la conducta de los políticos como sobre las decisiones que éstos toman. Obsérvese, por ejemplo, la relación de la opinión pública con la decisión de Richard M. Nixon de renunciar a la presidencia, en vista de las revelaciones del caso Watergate. Algunos políticos saben explotarla muy astutamente con el fin de legitimar su mandato ante los ojos del pueblo. Los más exitosos logran, además, manipularla. Si, por ejemplo, el Presidente de los Estados Unidos puede demostrar primero al pueblo norteamericano la deseabilidad de lograr un acercamiento diplomático con Cuba, menos obstáculos tendrá para concluir posteriormente algún arreglo concreto encaminado hacia este fin. Naturalmente, cuando el pueblo es apático, los políticos gozan de un mayor radio de acción y menos fiscalización.

La dificultad cardinal para el conocimiento de la opinión pública consiste en la imprecisión de sus conceptos fundamentales. No obstante, puede afirmarse que en su forma óptima, la opinión pública guía y clarifica, y se caracteriza por el afán de informar y educar. Cuando, por el contrario, representa algo manipulado, deformado o falseado, se trata más bien de propaganda. Aquella es desinteresada, al revés de ésta; se contenta con informar, mientras que la *propaganda* solicita la adhesión.

Propaganda política

La propaganda representa otro término cuyo significado ha cambiado con el correr del tiempo. Fue empleado originalmente por la Iglesia en el sentido de «propagar» el credo católico. Posteriormente, en tiempos de la contrarreforma, esta actividad se manifestó en la Congregación *De Propaganda Fide*. En el siglo XX, la palabra aún conserva la connotación de una empresa organizada para influir y dirigir la opinión, pero ahora en un sentido laico más bien que religioso. Hoy día la propaganda se ha convertido en un factor de creciente importancia, dado el desarrollo de los medios de comunicación masiva.

Podemos definir la propaganda, entonces, como el uso deliberado, planeado y sistemático de los medios de comunicación con el fin de alterar y controlar no sólo las ideas y opiniones de un grupo determinado de personas, sino también hasta la conducta de dicha agrupación. Se trata, en fin, de una tentativa para ejercer influencia en la opinión y en la conducta de la sociedad de manera que las personas adopten una opinión y una conducta determinada. Específicamente, la propaganda trata de lograr uno de los siguientes efectos: modificar una opinión; crear una nueva opinión; reforzar una opinión ya existente; fomentar una determinada acción; o desanimar una determinada acción. Puede compararse con la publicidad en cuanto tiende a crear, transformar o confirmar opiniones, y ambas usan los mismos medios; pero se distingue de ella por perseguir no un fin comercial sino uno netamente político—la adhesión a un sistema de gobierno, así como a sus respectivos líderes y políticas.

La propaganda política, como uno de los fenómenos dominantes del siglo XX, es usada por todo tipo de régimen político—autoritario, dictatorial o democrático. Pero son los regímenes de partido único, sobre todo el comunista y el nazi, los que más han aportado a su elaboración sistemática y eficaz.

Uno de los primeros teóricos de la materia fue Lenin, quien establece la propaganda como un elemento directamente conectado con la concepción del partido político revolucionario. Lenin comienza con la idea de Marx de que la conciencia de clase es la base de la conciencia política, pero no confía en su crecimiento espontáneo entre las masas. Propone la necesidad de despertarla, educarla y llevarla a la lucha mediante una *élite* de revolucionarios profesionales, una vanguardia consciente del proletariado. El Partido Comunista viene a ser, entonces, el instrumento que debe crear en la clase trabajadora la conciencia de clase mediante diversos métodos de convencimiento, o sea, por medio del uso de la propaganda. En este sentido, la propaganda se convierte en una especie de correa de transmisión que conecta las masas con el partido.

La aportación del nazismo a la propaganda moderna supera la del comunismo. Bajo Hitler y Goebbels (el Ministro de Propaganda del Tercer Reich) la propaganda deja de ser una simple táctica para convertirse en un instrumento a la disposición del estado, de igual importancia que la diplomacia o las fuerzas armadas.

Sobre todo, los nazis entendían muy bien que el verdadero propagandista tiene la encomienda de *convencer*, en este caso, a los alemanes, de que la grandeza del Reich y la felicidad de sus ciudadanos se asociaban con el Partido Nacional-Socialista. Se buscaba primordialmente la adhesión incondicionada al estado y sus objetivos, y para lograrla, el régimen tenía que buscar la manera de movilizar a las masas. Optaba por una insistente campaña de propaganda que no cesaba jamás, variando sólo en intensidad. Además—y esto explica el éxito de la propaganda nazi en las masas alemanas—predominaban en la misma los factores más irracionales sobre la explicación lógica. En este terreno Hitler y Goebbels no dejaban nada al azar. Y, pese a sus excesos, la propaganda nazi tuvo el efecto deseado de simultáneamente entusiasmar y aterrorizar a las masas.

Actualmente en los países democráticos, la propaganda política se ha convertido en una industria que ofrece los servicios de una serie de especialistas a los candidatos y partidos que participan en campañas eleccionarias bajo condiciones verdaderamente competitivas. Consecuentemente cada individuo o grupo puede lanzar propaganda a su favor, como respuesta a los esfuerzos propagandísticos de sus adversarios. Dentro de tal ambiente, es lógico que la propaganda en sí tenga menos efectividad. Dicha propaganda puede ser pagada o no-pagada:

- **Propaganda pagada**: *es cualquier propaganda (v.g.: tiempo en la radio o espacio en los periódicos) que el candidato o sus partidarios adquieren con sus propios recursos. En esta caso, el control que el candidato ejerce sobre la misma es alto.*

- **Propaganda no-pagada**: *representa la atención libre de costos monetarios que los medios informativos prestan a un candidato. Por ejemplo: una exitosa propaganda no-pagada ocurre cuando el candidato es entrevistado en televisión por periodistas o logra que su fotografía aparezca en la portada de una revista, su nombre en la primera plana de un periódico, y su candidatura apoyada en un editorial.*

Una campaña de propaganda política en los países democráticos modernos se desarrolla en tres etapas, a saber: *pre-campaña, campaña,* y *pos-campaña.*

•**Pre-campaña**. En esta campaña el propagandista realiza estudios sobre el trasfondo y opinión actual de la población votante. Mediante éstos, examina cómo ha votado este grupo anteriormente, su composición socioeconómica (distribución de edad, ingresos, etc.), sus preferencias hacia los partidos políticos y su percepción de las principales cuestiones políticas en contención, así como los candidatos.

• **Campaña.** Basándose en los hallazgos de los estudios de pre-campaña, el propagandista prepara y difunde los primeros ejemplares de la propaganda para la campaña. Luego, evalúa la efectividad de los mismos mediante nuevas encuestas con el fin de efectuar ajustes en el mensaje de la propaganda que ha de lanzar subsiguientemente. Este proceso de medir la reacción del grupo de votantes potenciales a la propaganda continúa a lo largo de la campaña. Pero el momento más crítico ocurre durante las últimas semanas de la campaña cuando el propagandista espera poder concentrar todos los recursos a su alcance para lograr una máxima efectividad.

•**Pos-campaña**. Una vez terminada la campaña, el propagandista se dedica a analizar el esfuerzo en términos del impacto de su estrategia y los errores cometidos en relación con la campaña realizada por sus adversarios.

La ambición del propagandista es la de saturar con su mensaje al público designado. Para alcanzar este objetivo, tiene a su disposición diversos instrumentos técnicos de comunicación los cuales pueden clasificarse bajo diferentes categorías:

- *Material impreso*: libros, folletos, revistas, periódicos, carteles, volantes, etc.
- *Palabra hablada*: altavoces, radio, televisión, etc.
- *Imágenes*: cine, retratos, fotos, grabados, emblemas, símbolos, pintura, escultura, etc.

- **Espectáculos:** *grandes manifestaciones, reuniones públicas, teatro, desfiles, etc.*

Como se ha señalado anteriormente, la propaganda política representa un intento de influir en la opinión y la conducta de tal forma que las personas que adoptan las opiniones y conductas indicadas lo hagan sin saber exactamente por qué lo hacen. Este fenómeno se produce porque la propaganda consiste fundamentalmente en sugestión, lo cual implica el uso de ciertas técnicas que pueden reducirse a una lista de «reglas»:[1]

•**La regla de simplificación y del enemigo único.** Consiste en un esfuerzo por lograr la simplicidad, reduciendo a una fórmula clara y simple la causa de problemas fundamentales para producir un mejor efecto. También trata de individualizar al adversario. Esta combinación se observa en las expresiones de algunos regímenes que intentan, por ejemplo, imputar el atraso o el desorden social prevaleciente en sus sociedades al capitalismo internacional o a los «yanquis».

•**La regla de exageración y desfiguración.** Consiste en la tendencia a exagerar o desfigurar deliberadamente con el fin de crear una impresión falsa de alguna realidad. Un procedimiento frecuente es el de utilizar títulos que no corresponden a las noticias, introducir citas desvinculadas del contexto, etc. Se trata también del tipo de promesas vacías que hacen los políticos durante campañas políticas, por ejemplo: «cuando yo esté en el poder, todos ganarán un sueldo de médico, toda mujer tendrá un marido, las carreteras de Puerto Rico estarán sin baches, y todo el mundo será feliz».

---

[1] Ver Jean-Marie Domenech, **La propaganda política**, Buenos Aires: Editorial Universitaria de Buenos Aires, 1962, pág. 47-80.

•**La regla de orquestación.** Consiste en coordinar todos los elementos propagandísticos. La primera condición de toda buena propaganda es la repetición incesante de los temas principales. Pero la repetición fatiga si siempre se presenta en el mismo formato o contexto. Se debe buscar la manera de diversificar la presentación de estos temas.

•**La regla de transfusión.** Consiste en la explotación de unos mitos, miedos, viejos antagonismos o sentimientos por el estilo, ya existentes. Por lo general, es más fácil exacerbar algún sentimiento negativo que tratar de crear e imponer uno nuevo.

•**La regla de la unanimidad y el contagio.** Consiste en una tentativa de crear la ilusión de unanimidad. Una manera de hacerlo artificialmente es mediante la organización de gigantescas manifestaciones y otros medios para despertar en la gente, primero, simpatía; y luego, por contagio, adhesión a su causa. Otro modo es simplemente la insistente afirmación de que tal o cual agrupación representa, de veras, «el pueblo» o «las aspiraciones del unánime sentimiento popular». En la política puertorriqueña, se ha usado la consigna: «Somos más, muchísimos más».

•**La regla de ridiculizar al adversario.** Consiste en un esfuerzo deliberado por crear una imagen negativa del adversario por medio de rumores, bromas, caricaturas, etc. Son muchos los ejemplos del uso de esta técnica en la historia política de Puerto Rico. Por ejemplo: en la campaña de 1968, se corrió el rumor contra un candidato a la gobernación que insinuaba su participación en el juego ilícito de la «bolita». Fue tan elaborado que hasta se le asignó un número: 315. En la campaña de 1980, circularon dos folletos titulados «Relinchos» y «Caballadas» que contenían bromas, caricaturas de caballos y canciones que cuestionaban la inteligencia de un candidato a la gobernación.

CAPÍTULO 6

Gobernación

El ejecutivo político

Para muchos, el ejecutivo es sinónimo de gobierno. Tal iden-tificación es completamente lógica, ya que todavía dentro de la mayor parte de los sistemas políticos el ejecutivo desempeña las principales funciones relacionadas con el ejercicio de la autori-dad pública. Ha sido así a través de la historia. El hecho es que un ejecutivo es imprescindible: sin él no puede haber gobierno.

Durante siglos, no existían las tres funciones básicas de gobierno según la formulación clásica de Montesquieu, sobre la base del principio de la «división de poderes» es decir, los pode-res ejecutivo, legislativo y judicial. El ejecutivo se encargaba de

99

todo. La institucionalización de los poderes legislativo y judicial, como funciones separadas, representa un fenómeno relativamente reciente que, a su vez, está íntimamente asociado con la evolución de la democracia moderna. Históricamente, con muy pocas excepciones, el ejecutivo ha gobernado sin grandes restricciones. La creación de unos límites efectivos sobre el poder ejecutivo encarna el más notable logro de gobierno democrático moderno.

Modos de seleccionar al ejecutivo

Hay tres principales modos utilizados actualmente para seleccionar al ejecutivo.

•**Por sucesión hereditaria**: son los ejecutivos escogidos de acuerdo con la tradición, costumbres o herencia. Se trata fundamentalmente de ejecutivos monárquicos. Primitivamente los reyes fundaban su derecho en la fuerza y en su habilidad para conducir a los demás, y alegaban poderes sobrenaturales para justificar sus prerrogativas. Más tarde, los reyes decían que derivaban su poder de Dios. Hoy día, casi todos los monarcas son constitucionales, careciendo de grande poderes políticos efectivos.

•**Por la fuerza**: son los ejecutivos que surgen como consecuencia de una revolución, un golpe de estado o mediante la «selección» de un partido o grupo que monopoliza el poder político. Se trata más bien de dictadores.

•**Por medios democráticos**: son los ejecutivos elegidos por medio de la expresión de la voluntad popular, según tres tipos diferentes de elecciones:

- **Una elección popular directa**
  Ejemplo: Francia

- **Una elección popular indirecta**
  Ejemplo: Presidente de EE.UU. por el Colegio Electoral
- **Una elección dentro de la asamblea legislativa**
  Ejemplo: La selección del jefe de gobierno en el sistema británico, así como en casi todos los sistemas parlamentarios de gobierno.

Las funciones básicas del ejecutivo político

Las funciones desempeñadas por los ejecutivos políticos son difíciles de categorizar por lo variados que son los sistemas políticos que determinan los límites fundamentales del ejercicio del poder ejecutivo. Figuran entre ellas, sin embargo, las siguientes actividades básicas:

- **Una función simbólica o ceremonial**
- **Una función política** (proveer liderato político a través de la iniciación de políticas y programas)
- **Una función de liderato legislativo**
- **Una función diplomática**
- **Una función militar**
- **Una función judicial**

Clasificaciones de ejecutivos

Los ejecutivos totalitarios

El sustantivo «totalitarismo», así como el adjetivo «totalitario», utilizados para calificar a determinados regímenes políticos, comenzaron a usarse en el período transcurrido entre las dos guerras mundiales. Fueron aplicados tanto al régimen que en 1917 se implantó en Rusia, como al que en 1922 se instaló en Italia y al que en 1933 surgió en Alemania, es decir, a los regímenes soviético, fascista y nazi, respectivamente. El rótulo genérico de totalitarismo fue calificado como tal por su propio inventor: se trata de Mussolini y del fascismo. Éste, en su famoso discurso pronunciado en noviembre de 1933, expresó que el régimen corporativo requería, además de las corporaciones, un partido único y el estado *totalitario*. Pero posteriormente la palabra fue empleada con un sentido más amplio e incluía el comunismo soviético. Se trata de unas doctrinas y regímenes que tienen rasgos comunes en el sentido de ser productos del siglo XX, con su nueva tecnología que opera dentro de una sociedad de masas.

Hay dos versiones modernas de ideólogos totalitarios: los de *izquierda*, que siguen una ideología basada en la revolución proletaria (el marxismo-leninismo de Lenin, Stalin, Mao Tse-tung, Fidel Castro), y los *de derecha*, que siguen una ideología basada en la revolución nacional (el fascismo de Mussolini y el nazismo de Hitler).

Es necesario, sin embargo, hacer referencia a las diferencias que puedan existir entre esta concepción del totalitario moderno y otros que hayan existido con anterioridad. Los últimos suelen denominarse déspotas tradicionales. La tiranía totalitaria moderna constituye el absolutismo del siglo XX, pero no debe ser confundida con él. El antiguo absolutismo no tenía ni el propósito ni los medios para controlar todos los ámbitos de la vida social. Por esta razón, ciertas actividades de sus súbditos quedaban prácticamente libres de onerosas restricciones oficiales, en lo religioso, lo cultural, y lo económico. En el totalitarismo moderno, sin embargo, el ejecutivo se convierte en la encarnación de lo colectivo, y sus súbditos sirven fundamentalmente como simples medios para otros fines—especialmente fines estatales, puesto que se suprime la esfera privada.

En fin, el tipo moderno difiere del tipo tradicional por: (1) los avances tecnológicos que permiten un control social más comprensivo y efectivo; (2) una política de colectivización que ayuda a afianzar un dominio sobre todos los grupos y clases sociales existentes; (3) unos fines programáticos que propician el cambio en lugar del *status quo* y; (4) la creación de una ideología para justificar dicho programa y un partido político para llevarlo a efecto.

Los ejecutivos autoritarios

El ejecutivo autoritario representa el tipo numéricamente más común, y existen cuatro variantes diferentes:

(1) **Los dictadores monárquicos**
Ejemplo: Arabia Saudita

(2) **Los dictadores republicanos conservadores**
Ejemplo: Franco en España o Salazar en Portugal

(3) **Los caudillos tradicionales**
Ejemplo: Stroessner en Paraguay o Somoza en Nicaragua

(4) **Los dictadores nacionalistas, civiles o militares**
Ejemplo: Una plétora de líderes políticos en las naciones en vías de desarrollo en el llamado «Tercer Mundo». (Nota: Para describir al ejecutivo autoritario que sea colectivo en vez de individual, suele usarse el término castellano «junta».)

Estos ejecutivos autoritarios gozan de un control completo sobre la maquinaria política y el proceso político sin trabas institucionales o legales, pero no pretenden extender el mismo control sobre los aspectos sociales, económicos y culturales de sus súbditos. (En este sentido se asemejan a los déspotas tradicionales.) Tampoco se basa su mandato en una doctrina justificadora: su interés no está en revolucionar la sociedad, sino simplemente en dominarla. Algunos de estos ejecutivos siguen una línea reaccionaria y hasta represiva; otros, en cambio, poseen un interés genuino en el proceso de modernización y en el desarrollo económico. Sin embargo, todos rechazan el concepto de una fiscalización pública sobre su conducta, o limitaciones constitucionales sobre su poder. Normalmente proscriben todos los partidos políticos salvo los que ellos mismos crean o controlan, además de cualquier otro grupo en la sociedad que les pueda causar problemas. Como es de esperarse, controlan estrictamente los medios de comunicación. Sus principales fuentes de apoyo son la burocracia estatal, la policía y las fuerzas armadas, las cuales no vacilan en recurrir a la violencia para sostener al dictador. Conviene repetir, sin embargo, que los individuos que viven bajo tales ejecutivos gozan de una relativa libertad de acción. Ello les permite proseguir sus propios intereses, siempre que sus actos no representen un peligro para el monopolio que tiene el ejecutivo sobre el sistema de gobierno de la sociedad.

Los ejecutivos parlamentarios

El ejecutivo parlamentario corresponde a la estructura de gobierno que se usa más en el mundo de hoy: el llamado sistema de gabinete. Casi todos los países que han logrado su independencia política desde la Segunda Guerra Mundial han adoptado dicho sistema como su modelo—con resultados muy variados. En el sistema de gobierno parlamentario, el ejecutivo se divide en dos: un *jefe de estado* y un *jefe de gobierno*.

La principal función del jefe de estado consiste en nombrar al jefe de gobierno—sujeto, en una democracia, a las preferencias expresadas por la voluntad popular. Pero este poder, así como casi todos los demás que tiene, es fundamentalmente formal. Políticamente más importante es el jefe de gobierno: el primer ministro, premier o canciller, (diferentes títulos para el mismo funcionario) quien es líder del partido mayoritario en el parlamento, o alguien capaz de organizar una coalición de fuerzas que tenga el respaldo del parlamento. También tiene la responsabilidad de seleccionar a un gabinete que queda colectivamente responsable ante el parlamento por la conducción del gobierno. En teoría, el parlamento domina tanto la función legislativa como la función ejecutiva. En la práctica, sin embargo, el ejecutivo parlamentario representa el principal foco del poder político, al menos hasta no perder la "confianza" del parlamento. Perderla le obliga a renunciar o a disolver la legislatura y a convocar nuevas elecciones.

Gran Bretaña

La variante británica de gobierno parlamentario ha sido la más efectiva y emulada, pero nunca exactamente duplicada debido a la singularidad de sus tradiciones, experiencias e historia.

Una monarquía hereditaria representa la más antigua institución del gobierno británico. Aún en la actualidad, la Reina sigue siendo para los británicos la legítima representante de la nación entera. Desde el siglo XVII, sin embargo, las funciones ejecutivas antes desempeñadas por el monarca han pasado paulatinamente a formar parte de las responsabilidades ministeriales. La Reina todavía retiene la prerrogativa de nombrar al Primer Ministro. Dicha función ofrece una oportunidad para el ejercicio de su discreción, pero sólo en los inusitados casos cuando ningún partido político obtiene una mayoría en el Parlamento, o cuando el partido mayoritario no puede ponerse de acuerdo sobre la designación de su líder. Las demás funciones constitucionales de la Reina, como promulgar las leyes, convocar y disolver el Parlamento y negociar tratados, las «realiza» indirectamente y con el consentimiento de «sus» ministros.

El Primer Ministro recibe su nombramiento casi automáticamente por ser líder del partido político cuyos miembros ocupan una mayoría de los escaños ganados en las elecciones generales mediante el voto popular y universal. El término de su mandato no es fijo, sino sujeto al mantenimiento de la «confianza» de la mayoría de los parlamentarios y a la provisión de tener que realizar una elección general por lo menos una vez cada cinco años.

El Primer Ministro y sus ministros tienen que ser, primeramente, parlamentarios elegidos. Conjuntamente, ellos forman el gabinete. La composición del gabinete está limitada, por consiguiente, a los que el Primer Ministro invita a ocupar los principales cargos gubernamentales. Dichos ministros pueden ser removidos en cualquier momento por el Primer Ministro quien, entre sus funciones y poderes, preside el gabinete y sufre las principales consecuencias políticas de sus acciones. Además, el Primer Ministro supervisa el trabajo realizado por las agencias ejecutivas, es portavoz del gobierno, formula el programa legislativo y asume la responsabilidad por las políticas tanto internas como externas adoptadas y llevadas a cabo por el gobierno.

Francia

Francia varias veces ha intentado instituir un sistema parlamentario parecido al de Gran Bretaña—siempre sin éxito, pese a ciertas adaptaciones para acomodar las condiciones peculiares del ambiente político francés. Un ejemplo fue el fracaso de la llamada «Tercera República» (1871-1940), caracterizada por un gabinete débil e inestable que tenía como causas el multipartidismo, las extremas diferencias ideológicas que separaban los principales grupos políticos, los frecuentes escándalos y otros problemas. Muchos proponían, como reacción, el fortalecimiento del ejecutivo (el cargo de «Premier»); pero tal medida fue resistida exitosamente por los partidos del centro y de la izquierda que temían una concentración de poder político.

La constitución de la «Cuarta República», promulgada en 1946, tampoco llegó a remediar estas deficiencias, y eventualmente condujo al advenimiento de la «Quinta República» propiciada por el General Charles de Gaulle, quien salió electo Presidente bajo el nuevo sistema. El Presidente actual de Francia sirve un término fijo de siete años y es elegido mediante una elección directa, popular y universal. Más que simplemente el jefe de estado, el Presidente francés ahora tiene el poder de actuar como una especie de árbitro entre el gobierno, los partidos y el Parlamento. El nombra al Premier y a los demás ministros del gabinete, pero el Parlamento puede obligarlos a renunciar mediante un voto de censura apoyada por una mayoría absoluta de sus miembros. El Presidente puede también unilateralmente disolver el Parlamento, pero tal medida puede efectuarse sólo una vez por año.

Alemania

En contraste con Francia, la tradición alemana ha sido la de concentrar mucha autoridad en el ejecutivo. Ello representa, desde luego, una preferencia por una autoridad política fuerte y estable, y así lo especifica la constitución de 1949 de la República Federal Alemana.

El Presidente federal es seleccionado para un período de cinco años por una asamblea especial compuesta por los miembros del *Bundestaq* (Cámara de Representantes) y un número igual de representantes de las legislaturas estatales. Sus poderes son, sin embargo, nominales, ya que sus actos están todos fiscalizados por el Canciller, o jefe de gobierno, quien, a su vez, es nombrado por el Presidente en virtud de ser líder del partido mayoritario en el Parlamento. El Canciller alemán goza de grandes poderes, y sólo él está investido con autoridad para determinar la política gubernamental. También escoge y destituye a los ministros quienes, mientras sirven, no tienen que ser consultados ni tampoco ser ellos mismos parlamentarios. Un rasgo singular del sistema parlamentario alemán es el llamado «voto constructivo de no adhesión», que obliga al partido o partidos que quieran desplazar al Canciller a presentar un nuevo candidato. Éste necesariamente ha de contar con un respaldo mayoritario, antes de que el primero pueda renunciar.

Israel

El estado de Israel también tiene un Presidente «débil» y un Primer Ministro «fuerte». Igualmente débil resulta ser el gabinete por contar casi siempre con representantes de varios partidos entre sus miembros. El Presidente, quien es seleccionado por el *Knesset* (el Parlamento), ocupa en el cargo por un término constitucional de cinco años. Sus poderes se limitan, sin embargo, a nominar representantes diplomáticos, a firmar todos los documentos oficiales y a otras responsabilidades correspondientes menores. Su función más importante es la de nombrar al Primer Ministro, pero aun en este caso, no puede actuar sin primero consultar con todos los partidos políticos representados en el Parlamento.

Como costumbre, el Primer Ministro proviene del partido que cuenta con más representación en el Parlamento. El mismo tiene que ser un parlamentario, pero no necesariamente uno de los ministros. Ningún gobierno se considera legalmente constituido sin el visto bueno del Parlamento. Esto significa que la legislatura no solamente tiene que aprobar al Primer Ministro, sino también estar de acuerdo con la composición de todo el gabinete.

Japón

La actual constitución de Japón—producto de la época de la posguerra—sustituyó el mandato imperial por la soberanía popular, ya que la misma quitó del Emperador todo poder político o ejecutivo efectivo. La institución sigue, pero simplemente como «símbolo del estado».

Todo poder ejecutivo reside actualmente en un gabinete encabezado por el Primer Ministro seleccionado, a su vez, por la *Dieta* (o Parlamento). Todas las leyes tienen que ser firmadas por el Primer Ministro y el correspondiente ministro. El gabinete asume responsabilidad colectiva, y el mismo ha de renunciar en pleno cuando la Cámara de Representantes aprueba un voto de no adhesión o cuando rechaza una cuestión de confianza sometida para su consideración por el gobierno.

Una evaluación del ejecutivo parlamentario

En su forma ideal, el ejecutivo de tipo parlamentario puede establecer una estrecha relación entre el poder ejecutivo y la legislatura. Además, la experiencia de servir en el gabinete provee al Primer Ministro unas perspectivas diferentes que bien pueden enriquecer su gestión legislativa cuando vuelve al Parlamento como miembro de la oposición—y viceversa. El sistema produce normalmente una clara y ventajosa distinción entre el grupo mayoritario que gobierna y un grupo minoritario que critica. Sin embargo, en los países de régimen parlamentario pluripartidista, la designación definitiva del cuadro ejecutivo se realiza muchas veces por parte de los partidos que, mediante coaliciones, seleccionan a quienes habrán de ejercer los cargos.

El hecho de que el mandato del ejecutivo parlamentario no sea fijo sino dependiente del continuado respaldo mayoritario de la asamblea legislativa, le obliga a auscultar constantemente la opinión pública. No obstante, tal ausencia de un término fijo puede igualmente producir incertidumbre y frustrar cualquier esfuerzo encaminado a una planificación más racional y efectiva.

La fusión de los poderes ejecutivos y legislativos también fomenta la siempre presente inclinación hacia una concentración de poder político. De hecho, muchos países con sistemas mono-partidistas o con poca experiencia democrática tienen ejecutivos parlamentarios que se han aprovechado de tal situación para tornarse progresivamente autoritarios. Irónicamente, en muchos casos los mismos países que adoptaron el sistema parlamenta-rio para evitar la dictadura, hoy en día experimentan en carne viva que el mismo sistema resulta ser perfectamente capaz de producir los dictadores del tipo más cruel e indeseable.

Los ejecutivos presidencialistas

El ejecutivo presidencialista fue conceptualizado en la constitu-ción estadounidense de 1789, y desde entonces, ha sido adoptado en otras partes del mundo, principalmente en América Latina, pero también en países como las Islas Filipinas y Liberia (África).

Estados Unidos

Los requisitos formales para el supremo cargo de la nación norteamericana son bien mínimos: el individuo necesita úni-camente ser ciudadano por nacimiento, haber residido en los Estados Unidos durante catorce años y tener por los menos 35 años de edad. Es elegido indirectamente mediante el mecanismo del Colegio Electoral para un término de cuatro años. Puede ser reelegido una vez solamente.

El Presidente ocupa un cargo más poderoso que el que los padres fundadores de la nación habían propuesto. Originalmente se imaginaban que el cargo sería más bien el de un supremo magistrado, preocupado primordialmente por la administración y, ocasionalmente, por la tarea social de recibir embajadores. Pero en el curso de la evolución política del país, la situación ha cambiado hasta tal extremo que, hoy día, muchos opinan que el poder del Presidente ha aumentado más allá de lo que se requiere, o más aún, es seguro.

La función ejecutiva en este sistema queda totalmente divorciada de la función legislativa; no se pretende, como en el sistema parlamentario, fundirlas. De hecho, de cuando en cuando, las idiosincrasias del funcionamiento del proceso electoral dan lugar a una situación en que el Congreso está bajo el control de un partido y la presidencia de otro.

En el sistema presidencialista las responsabilidades de jefe de estado y jefe de gobierno se combinan en un solo cargo—la presidencia. Como jefe de estado, el Presidente naturalmente simboliza los valores norteamericanos tanto ante los ciudadanos como ante el mundo. Como jefe de gobierno, el Presidente desempeña varios papeles distintos:

•**Jefe de partido**. Este papel lo obliga a guiar y dirigir a quienes lo eligieron dentro de un cierto marco ideológico y de acuerdo con un plan de prioridades formalmente trazadas.

• **Comandante en jefe de las fuerzas armadas**. La constitución establece que el Presidente es directamente responsable por la seguridad de los Estados Unidos, y también por la de muchas naciones aliadas y amigas.

•**Jefe de política exterior**. Este papel ha aumentado enormemente el poderío de la presidencia debido a que la constitución le atribuye prácticamente supremacía en este campo, aun cuando las limitaciones políticas e institucionales entre las ramas del gobierno siguen funcionando. En política exterior, el Presidente por sí solo tiene la facultad constitucional de hablar y de actuar como representante de la nación.

•**Administrador en jefe.** El principio de la separación de poderes asigna este papel a la rama ejecutiva. La constitución transmite claramente la responsabilidad por la administración del gobierno al Presidente cuando dice que éste «velará por el fiel cumplimiento de las leyes». Este requisito constituye por sí solo una tarea extraordinaria, ya que implica la supervisión de las actividades de una multitud de comités, comisiones y organismos, aparte de las diez o más divisiones de su oficina ejecutiva y de más de una docena de departamentos del gobierno federal, en los cuales se llevan a cabo tareas que son de vasto alcance.

América Latina

Como un conjunto, América Latina representa el área geográfica que más ha adoptado el ejecutivo de tipo presidencialista. Casi todos estos países lograron su independencia de España durante los primeros años del siglo XIX. Su conceptualización del ejecutivo no se debía, sin embargo, exclusivamente al modelo norteamericano que había surgido sólo unos pocos años antes; también influyeron las ideas políticas francesas de la época, la tradición del absolutismo y personalismo como herencia española, el papel histórico desempeñado por los caudillos militares, y las condiciones inestables y turbulentas que imperaban en estos países al principio de la era republicana. Aunque todos prácticamente sin excepción adoptaron alguna variante formal de la doctrina de la separación de poderes, la realidad del ejecutivo dominante ha prevalecido.

En muchos países hispanoamericanos, la principal tarea del gobierno es mantener el orden. Por esta razón, sus constituciones han otorgado al ejecutivo grandes poderes y autoridad, tales como, en ciertas circunstancias, iniciar legislación, gobernar por decreto, declarar una situación de estado de sitio (que permite la suspensión de los derechos individuales), recaudar y gastar los impuestos, nombrar a los gobernadores e intervenir impunemente en los gobiernos provinciales.

Como el Presidente de los Estados Unidos, también desempeñan los presidentes latinoamericanos el papel de comandante en jefe de las fuerzas armadas. Dichos poderes quedan limitados, como es de esperar, por las inevitables presiones provenientes de otros importantes sectores sociales como los militares, la iglesia y los latifundistas. No obstante, ninguna de las otras ramas del gobierno puede competir con el ejecutivo en términos del puro y libre ejercicio de poder político—una realidad que obviamente viola los ideales democráticos de gobierno limitado y el verdadero concepto de lo que constituye el constitucionalismo.

Una evaluación del ejecutivo presidencialista

Puede decirse que, en general, el sistema del ejecutivo presidencialista tiene menos ventajas que el tipo parlamentario; pero las que tiene son convincentes. La separación de poderes significa que el ejecutivo no depende de la legislatura para su selección, sus poderes o su término de mando. Esto, hasta cierto punto, asegura la estabilidad política, sobre todo en momentos de crisis. El sistema también institucionaliza la mutua fiscalización de las diferentes ramas de gobierno. Además, en principio, los votantes normalmente participan directamente en la selección de su primer ejecutivo.

La principal desventaja del sistema reside en las inevitables fricciones que el mismo produce entre las ramas de gobierno, lo cual hace extremadamente difícil el logro de un programa legislativo unificado y coherente. Este problema se agudiza cuando ambas ramas quedan bajo el control de diferentes partidos políticos. Además, el término fijo requiere que haya elecciones únicamente en fechas específicas que no coinciden necesariamente con los momentos más apropiados para una expresión de confianza o rechazo por parte del electorado. Finalmente, como la experiencia latinoamericana bien ilustra, el sistema presidencialista tampoco evita el establecimiento de ejecutivos dictatoriales.

El ejecutivo colegiado

El ejecutivo puede ser uno o varios. Entre el último tipo existe el ejecutivo colegiado, hallado en la actualidad únicamente en Suiza. En el sistema suizo el poder ejecutivo es ejercido no por un individuo, sino mediante un comité de siete hombres que forman el llamado *Consejo Federal.* Los consejeros son seleccionados simultáneamente por medio del voto de ambas cámaras del Parlamento para un término de cuatro años, y se asigna anualmente a uno de ellos para presidir el grupo en calidad de presidente. Pero el «Presidente de la Confederación Suiza» no goza de ningún privilegio especial. Como los demás consejeros, sólo encabeza uno de los departamentos administrativos del gobierno nacional.

En el sistema suizo, es el Parlamento el que realmente se encarga de todas las decisiones puramente políticas, lo que convierte al ejecutivo en un simple delegado. Por lo tanto, muchas de las características comúnmente asociadas con el sistema parlamentario—como, por ejemplo, la capacidad del ejecutivo de disolver el Parlamento—están patentemente ausentes. Esto hace que la principal responsabilidad política resida o en el Parlamento o en el pueblo directamente mediante el voto popular sobre determinados planteamientos políticos. De esta manera se relega el poder ejecutivo al desempeño de un papel exclusivamente burocrático.

La administración pública

TÉRMINOS Y CONCEPTOS CLAVES
• Burocracia estatal
• Cometidos estatales
- esenciales
- servicios públicos
- servicios sociales
- industriales y comerciales
• Clasificación
• burocracia representativa
• burocracia de partido-estado
• burocracia de partido estatal
• burocracia dominada
• burocracia dominante
• Ombudsman
• Sistemas nacionales
- tipo europeo-continental
- tipo angloamericano

El ejecutivo puede ser, como se ha dicho anteriormente, uno o varios; pero en un sentido más amplio, la rama ejecutiva de gobierno se compone de los individuos que llevan a cabo—o «aplican»—la política pública. Se trata de la llamada administración pública o la burocracia gubernamental. La burocracia es el nombre que se da a una organización relativamente compleja a través de la cual los gobiernos o gobernantes procuran llevar a la práctica sus decisiones.

La burocracia es un rasgo característico de todas las organizaciones modernas. El término tiene varios significados. En su significación positiva, decir burocracia es tanto como decir administración, y decir burocracia *estatal*—para diferenciarla de la eclesiástica, de la empresaria, de la partidaria, de la sindical, de la universitaria, etc.—es tanto como decir *administración pública*. La jerarquía en el mando, la especialización de funciones, y las actas escritas son algunas de sus características distintivas. En su significación peyorativa, la palabra denota ineficiencia y rutina. En dicho sentido, su empleo implica un juicio negativo, porque hace referencia a una administración pública incompetente y hasta innecesaria. Para los efectos de la discusión que sigue, nos interesa tratar la burocracia como los funcionarios que tienen a su cargo la realización o la ejecución concreta y práctica de los cometidos estatales, los cuales pueden agruparse del siguiente modo:

• **Cometidos esenciales**: los inherentes al estado en su calidad de tal, como relaciones exteriores, defensa nacional, actividad policial, servicios financieros, contralor administrativo, asesoramiento e información, vialidad, conservación de bienes estatales y ejecución de obras públicas.

• **Servicios públicos**: los que competen naturalmente al estado y tienen por objeto satisfacer necesidades colectivas impostergables, sea directamente o mediante concesionarios, tales como: transporte, comunicaciones, suministro de energía eléctrica, gas y agua corriente, alumbrado público, alcantarillado, recolección de residuos, limpieza de calles, e inhumación de cadáveres.

• **Servicios sociales**: los que tienen por objeto impulsar el desarrollo de la cultura, la protección de la salud, el desenvolvimiento de la protección social, vivienda pública o a bajo costo, etc.

• **Cometidos industriales y comerciales**: los que tienen por objeto la realización de actividades consideradas tradicionalmente «privadas» en el área de la producción de bienes o servicios.

Una clasificación muy valiosa de diversos tipos de burocracias gubernamentales es la del politólogo Merle Fainsol:[1]

•**Burocracia representativa**: es el tipo característico de los sistemas políticos en los cuales la autoridad máxima se determina por un proceso competitivo. En su condición ideal, funciona como un instrumento eficaz de los órganos políticos (ejecutivo, partido de mayoría, legislatura).

•**Burocracia de partido-estado**: es producto de los regímenes totalitarios y de otros sistemas políticos dominados por un partido único. Estos sistemas se caracterizan por la presencia de una burocracia política que se sitúa por encima de la burocracia gubernamental, y mantiene sobre ella un control rígido.

• **Burocracia de partido estatal**: esta variante corresponde a aquellos sistemas políticos en los que no hay un partido único, sino más bien un partido dominante. Existe en ellos una íntima relación entre el personal de las altas jerarquías partidarias y los altos niveles del gobierno y de los servicios administrativos.

• **Burocracia dominada**: este tipo comprende los sistemas en que los miembros de las fuerzas armadas u otro grupo se hacen cargo de la burocracia civil.

• **Burocracia dominante**: esta situación existe cuando la burocracia provee por sí misma el elemento gobernante del sistema político. Se asemeja en cierta medida a las burocracias dominadas; pero en este caso es una camarilla civil la que posee la autoridad.

Como el núcleo del gobierno moderno, los funcionarios de la burocracia estatal llevan a cabo las decisiones tomadas por los gobernantes. En teoría, no pueden tomar ninguna iniciativa

---

[1] Ver Merle Fainsol, «Bureaucracy and Modernization: The Russian and Soviet Case», en Joseph LaPalombara, *Bureaucracy and Political Development*, Princeton: Princeton University Press, 1963, págs. 233 y sigs.

propia. Pero, por lo general, estos funcionarios desempeñan un importante papel en el proceso de elaboración de las leyes. En la actualidad, la mayor parte de la legislación es de carácter muy general. Para aplicarla eficazmente, los funcionarios administrativos establecen reglamentos y códigos de procedimientos que precisen y expliquen las normas formuladas por las ramas políticas del gobierno. La medida en que una política de carácter general es puesta en práctica depende, pues, de las interpretaciones de los burócratas y del espíritu con que éstos la apliquen.

En otras palabras, en todos los estados—sin importar su ubicación, su importancia u otras características—la burocracia gubernamental ha crecido incesantemente en poderío, así como en cantidad. En la mayoría de los países, el aumento de los funcionarios públicos ha sido proporcionalmente muy superior al de la población. Además, como fenómeno paralelo no menos importante, al aumentar cada vez más la injerencia estatal en el campo económico, sea mediante el aumento de los controles sobre numerosos aspectos de las empresas privadas o adueñándose directamente de estas actividades, el poderío de la burocracia se ha visto singularmente acrecentado. En los estados totalitarios, por ejemplo, el proceso de burocratización ha logrado su máxima expresión. En las llamadas «democracias populares» la estatización, lejos de haber conducido a la sociedad sin clases, ha provocado una nueva estratificación, erigiendo en dominante a una nueva clase: la burocracia gobernante.

El hecho es que, actualmente, ningún gobierno puede funcionar sin una burocracia abundante. El aforismo de que «el mejor gobierno es el que gobierna menos», choca con la realidad de todos los países. Se dirá que el estatismo es un mal, y un mal evitable; pero el hecho ostensible es que la actividad del gobierno ha estado aumentando continuamente y por doquier. Han multiplicado los cometidos a su cargo como respuesta a reconocidas necesidades de bien público. Y esa actividad en continuo aumento tiene que ser necesariamente realizada por alguien. Ese alguien es la burocracia gubernamental. Por esta razón, la teoría política moderna, sea democrática o autoritaria, se ha interesado por el problema de hacer de las burocracias un instrumento para lograr los fines políticos que concuerdan con las normas ideológicas del sistema imperante. Cada sistema busca un modo para resolver este problema de la dirección y control burocrático. Los comunistas, por ejemplo, lo hacen subordinando la burocracia gubernamental a una burocracia del partido que, a su vez, se halla bajo el control de la alta jerarquía de la *élite* partidista.

En ciertos países democráticos, la complejidad del aparato administrativo y el grado de gravitación que tiene en la vida social, ha fomentado una situación en que el ciudadano común se siente como una simple víctima indefensa de cualquier acción arbitraria perpetrada por una burocracia gubernamental que deja de cumplir eficazmente con su encomienda. Para hacer frente al problema, algunos de ellos han adoptado el modelo del *Ombudsman*—o comisionado parlamentario—que ha existido en Suecia desde 1807. Este funcionario es nombrado por el Parlamento e investido con la autoridad de investigar las querellas presentadas por los ciudadanos u otros funcionarios públicos sobre cualquier alegato de arbitrariedad, negligencia o discriminación administrativa. Es la función del *Ombudsman* asegurar que los empleados del estado cumplan con sus responsabilidades profesionales en el interés del bienestar público.

Sistemas nacionales de administración pública

Existen fundamentalmente dos tipos de estructuras de administración pública en el mundo occidental: el tipo europeo continental, que tuvo su origen en Francia, y el tipo angloamericano.

El tipo *continental* representa la continuación de la tradición del mandato monárquico mediante la centralización del control gubernamental. En este caso, los gobiernos territoriales o locales quedan subordinados al gobierno central y existen simplemente para hacer más efectiva la labor administrativa de las autoridades nacionales. En este sistema, la administración pública se profesionaliza en el sentido de formar un cuerpo de expertos. El tipo angloamericano, en cambio, refleja la tradición contraria de una dispersión de autoridad y el consecuente control popular o legislativo a nivel local sobre las actividades administrativas. Como resultado, aún en nuestros días—sobre todo en los Estados Unidos—los gobiernos territoriales o locales tienen más autonomía y control sobre la realización de servicios públicos en sus respectivas comunidades.

Gran Bretaña

El sistema británico de administración pública refleja aún, a través de tres principales divisiones de personal, la tradicional estructura de clases sociales: una pequeña división llamada la *administrativa* cuyos componentes se reclutan mediante exámenes competitivos y que son los que ocupan los puestos más altos y responsables en la burocracia; la división *ejecutiva*, limitada básicamente a los que tienen una educación secundaria, que son los que llenan los cargos medianos de supervisión, gerencia y especialización en la burocracia; y la división *clerical*, la más numerosa y fundamentalmente para personas con una limitada educación, que son los que ocupan los puestos ocupacionales que exigen destrezas rudimentarias.

Los Estados Unidos

El sistema norteamericano de administración pública, en términos del gobierno federal, no tiene el equivalente de la división administrativa británica. Los más altos cargos son normalmente «políticos» por naturaleza, en el sentido de casi nunca asignarse a burócratas de carrera. Los ocupan personas «de confianza» directamente responsables al Presidente. Los demás empleados civiles están clasificados por sistemas de personal: el *General Schedule* (GS), para los empleados de «cuello blanco», de 18 rangos, desde el mensajero más humilde hasta el super-burócrata que ostenta el rango 18; y el *Custodial Schedule* (CS), que consta de 10 rangos, para los obreros de «cuello azul». Por lo general, hay que aprobar un examen apropiado para entrar al servicio público y también para subir en rango, salvo para los rangos más altos.

Francia

La administración pública en Francia resulta ser más pare-cida a la de Gran Bretaña en cuanto a su organización y forma de reclutamiento. La categoría más alta—el *administratur civil*—tiene que ser un graduado universitario en ciencias políticas, historia o derecho, o formar parte ya de la división ejecutiva. Los candidatos que logren aprobar un riguroso examen, pasan luego a la afamada *Ecole Nacionale d'Administration* a someterse a unos años adicionales de adiestramiento especializado.

Otros países

En Alemania y Japón, los igualmente rigurosos y compe-titivos exámenes de reclutamiento aseguran la obtención de talento superior para ocupar los cargos claves en sus respec-tivas burocracias gubernamentales. Pero precisamente por ser productos de una educación exclusivista y clasista, el sistema tiende no solamente a perpetuar divisiones sociales existentes, sino también a tener como administradores a personas con poca experiencia práctica en los asuntos que han de administrar.

Para la vasta mayoría de los países del mundo, sin embargo, tales problemas apenas tienen relevancia, ya que primero tienen que crear una administración pública verdaderamente competente, estable e impersonal. Lo que tienen, en cambio, son básicamente funcionarios públicos cuyos empleos se deben más bien a la tradición de personalismo en el gobierno que a normas objetivas basadas en los conceptos de competencia y neutralidad. En estos países, la superación de inercia, nepotismo, y corrupción en su administración pública no se logrará fácil o prontamente.

CAPITULO 7

Legislación y justicia

Las legislaturas

En los tiempos del absolutismo monárquico, el rey acaparaba el poder legislativo, y podía él mismo aprobar una ley o cambiar una existente con la mera promulgación de un decreto. En algunos casos, tenía cierta participación en las decisiones tomadas por un consejo consultivo, seleccionado o por el mismo rey o de acuerdo con ciertas tradiciones, pero siempre con un papel sumamente limitado de puro asesoramiento. Con el correr de los siglos, algunos de estos consejos finalmente se convirtieron en verdaderas legislaturas. Por eso puede afirmarse que la rama legislativa de gobierno como tal es de muy «reciente» creación, ya que data solamente del siglo XVII.

Hoy día prácticamente todos los países del mundo tienen una asamblea legislativa cuyos miembros, en teoría o de hecho, representan al pueblo. En los estados totalitarios, las funciones de este cuerpo son más bien formales, pero por lo menos existe y se reúne periódicamente. En las dictaduras autoritarias, el dictador puede suspender la asamblea legislativa cuando quiera y gobernar mediante la expedición de decretos. Aun en estos casos, sin embargo, rara vez queda eliminada por completo, y la expectativa es que tarde o temprano volverá a surgir una nueva asamblea legislativa.

Una auténtica asamblea legislativa se caracteriza por ser un organismo verdaderamente representativo con miembros elegidos mediante la expresión del pueblo, lo cual destaca el rasgo más sobresaliente de la democracia moderna. De hecho, la democracia contemporánea es esencialmente gobierno representativo, puesto que la democracia directa representa una variante que ya no es factible, salvo en limitados casos de estados pequeños y sumamente homogéneos. Por esta razón, el gobierno sin una genuina representación puede considerarse la antítesis de la democracia.

Como regla general, puede decirse que aun las legislaturas modernas más poderosas compiten muy desfavorablemente frente al poder del ejecutivo. La razón es sencillamente las limitadas atribuciones que tienen las mismas, todas relacionadas de una manera u otra con un solo poder, el cual tampoco monopoliza: la formulación de las normas que han de gobernar la sociedad.

Tipos de legislaturas

Podemos distinguir varios tipos diferentes de legislaturas:

• **Dictatoriales**. Son las que gobiernan el país directamente en forma omnipotente, quedando abolidas las ramas ejecutiva y judicial. El más infame ejemplo fue la asamblea revolucionaria que gobernaba Francia durante el llamado «Reino del Terror» (1792-1795).

• **Oligárquicas**. Son las que reflejan los intereses y perpetúan el mandato de una *élite* privilegiada. Un ejemplo fue la legislatura en África del Sur bajo «*apartheid*».

• **Fuertes**. Son las que existen en sistemas parlamentarios democráticos con gobiernos de coalición, una situación que permite que el parlamento prevalezca sobre el ejecutivo. Italia representa un ejemplo actual de este tipo de legislatura.

• **Independientes**. Son las que responden directamente al electorado, lo cual permite el ejercicio de poder propio frente al ejecutivo. El Congreso de los Estados Unidos encarna un buen ejemplo de esta variante de legislatura.

• **Débiles.** Son las que existen en los sistemas parlamentarios democráticos donde el liderato del partido dentro del cuerpo domina sus partidarios parlamentarios y, asimismo, ocupa los puestos ejecutivos cuando su partido llega a constituir la mayoría. El Parlamento británico representa un modelo de este tipo de legislatura.

•**Cautivas.** Son las que no gozan de un auténtico poder legislativo, ya que sirven fundamentalmente para legitimar las decisiones del liderato del partido político que domina la sociedad. Se reúnen con poca frecuencia y no tienen la potestad de radicar proyectos de ley sin el consentimiento previo del ejecutivo. Son ejemplos los abundantes casos de gobiernos totalitarios y autoritarios.

La estructura de las legislaturas

La mayor parte de las legislaturas nacionales son bicamerales, o sea, consisten en dos divisiones o cámaras. Por lo general se usa un modo diferente para seleccionar los miembros de cada cámara, los cuales normalmente representan diferentes grupos poblacionales o jurisdicciones geográficas dentro del territorio nacional. En algunos casos, los poderes de ambas cámaras son idénticos; pero actualmente existe una marcada tendencia hacia la reducción de los poderes de la llamada «cámara alta».

La existencia de cámaras altas refleja la noción de una representación «cualitativa» en el sentido de tener como base de selección de sus miembros criterios menos «populares». Su función principal es la de fiscalizar las acciones de la otra cámara legislativa, la cámara baja. Por lo general, las cámaras altas tienen relativamente pocos miembros, pero los mismos sirven términos bastante prolongados. En los sistemas federales, la cámara alta representa las divisiones territoriales, como el Senado de los Estados Unidos (en representación de los 50 estados), el Consejo Suizo de Estado, y el *Bundesrat* de Alemania. Sin embargo, puede haber otros criterios de representación: étnico (como la ex-Cámara de Nacionalidades de Birmania), vocacional (como en el Senado irlandés) o de clases sociales (como en la Cámara de los Lores de Gran Bretaña), para indicar sólo algunas de las posibilidades.

Las «cámaras bajas», en cambio, reflejan más bien la noción de la soberanía popular, ya que sus miembros se eligen según criterios «cuantitativos», o de acuerdo con la población en determinadas áreas geográficas. Como consecuencia, estas cámaras tienen generalmente más miembros, quienes sirven, además, términos menos prologados. Los nombres de las cámaras bajas varían de país a país: Cámara de Representantes en los Estados Unidos, Puerto Rico y Japón; Cámara de los Comunes de Gran Bretaña, Asamblea Nacional en Francia; *Bundestag* en Alemania; Cámara de Diputados en Italia; Consejo Nacional en Suiza.

La asamblea legislativa de Noruega (el *Storting*) presenta una verdadera curiosidad. En este caso, los 150 diputados elegidos por el pueblo para ocupar sus escaños deciden entre ellos los 38 que van a constituir la cámara alta (el *Lagting*). Los 112 restantes forman la cámara baja (el *Odelsting*).

Algunos países, como Dinamarca, Finlandia, Nueva Zelandia, Israel y Grecia, tienen una asamblea unicameral, o sea, de un solo cuerpo deliberativo. El unicameralismo significa, obviamente, menos duplicación. Igualmente, sin embargo, con esta estructura hay menos fiscalización y menos ponderación sobre la deseabilidad de la legislación propuesta.

Las Funciones de las legislaturas

Las legislaturas desempeñan varias funciones básicas, a saber:

• **La formulación de leyes**. El principal papel del cuerpo legislativo consiste en formular o determinar las leyes que han de gobernar la sociedad. La efectividad con que una legislatura realiza dicha función depende, naturalmente, de la naturaleza del sistema político del cual forma parte. En los sistemas democráticos modernos, el proceso legislativo resulta ser tan intrincado y complejo que la vasta mayoría de los proyectos radicados no llegan a convertirse en ley. En el año 1969, por ejemplo, de los 21,553 proyectos radicados en ambas cámaras legislativas del Congreso estadounidense, sólo 150 se convirtieron en ley.

• **Investigación de intereses públicos**. En los países democráticos, las legislaturas generalmente tienen la potestad de celebrar vistas públicas con el fin de investigar cualquier situación que pudiera afectar los intereses de los ciudadanos. Es necesario que se informen de los pormenores de tales situaciones para poder decidir si las mismas requieren algún remedio legislativo.

• **Supervisión de las finanzas**. El control sobre el presupuesto representa el principal instrumento que tienen las legislaturas democráticas para fiscalizar las otras ramas de gobierno y las demás actividades gubernamentales. En teoría, las legislaturas determinan de manera exclusiva la asignación y el gasto de fondos públicos. En realidad, el ejecutivo tiene mucho que ver con esta importante función, sobre todo en la formulación del presupuesto y la forma en que los programas aprobados se llevan a cabo. Siguiendo la práctica británica, tanto en EE.UU. como en Puerto Rico, los proyectos de ley para crear o modificar las rentas públicas han de tener su origen en la cámara «popular», o baja, (la Cámara de Representantes).

• **Aprobación de oficiales ejecutivos y judiciales**. Muchas legislaturas también tienen la facultad de formular acusaciones contra los mismos oficiales ejecutivos o judiciales con el fin de removerlos de sus puestos gubernamentales. En los Estados Unidos y en Puerto Rico, este poder llega a incluir hasta al principal ejecutivo. En ambos casos, la Cámara de Representantes inicia el proceso de residenciamiento, y con la concurrencia de una mayoría de sus miembros (dos terceras partes en Puerto Rico), puede formular una acusación formal. Sus respectivos senados, en cambio, tienen la responsabilidad de juzgar y dictar sentencia contra los funcionarios acusados con la concurrencia de dos terceras partes de sus miembros (tres cuartas partes en Puerto Rico).

• **Ratificación de tratados.** Algunas legislaturas llegan a tener una importante injerencia en política exterior mediante la provisión constitucional que hace necesaria la aprobación legislativa de cualquier tratado entre su gobierno y uno o más gobiernos extranjeros. Este poder se diluye, sin embargo, por el uso cada día más frecuente del instrumento diplomático llamado un «acuerdo ejecutivo», el que igualmente compromete a los gobiernos sin la participación directa de las legislaturas.

• **Enmendación de la constitución.** El Parlamento británico tiene la facultad de poder enmendar la «constitución» del país mediante el voto favorable de una simple mayoría de sus miembros. Es más bien un caso excepcional entre los países democráticos. Generalmente, el proceso incluye una consulta con el pueblo por medio de un referendo. Tal es precisamente el caso en Puerto Rico: la Asamblea Legislativa puede proponer enmiendas a la constitución mediante una resolución concurrente aprobada por no menos de dos terceras partes de los miembros de cada cámara; luego se somete a los votantes para su ratificación mediante un referendo. En los Estados Unidos, hay más alternativas.

Legislaturas modernas

Resulta interesante una breve descripción de algunas de las legislaturas que existen en la actualidad.

PARA ENMENDAR LA CONSTITUCIÓN DE LOS ESTADOS UNIDOS

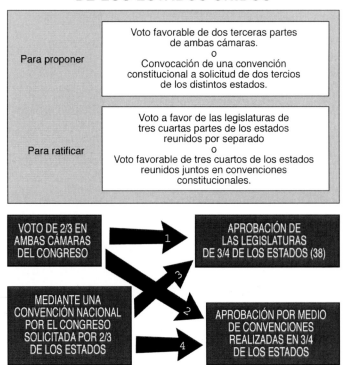

Para proponer	Voto favorable de dos terceras partes de ambas cámaras. o Convocación de una convención constitucional a solicitud de dos tercios de los distintos estados.
Para ratificar	Voto a favor de las legislaturas de tres cuartas partes de los estados reunidos por separado o Voto favorable de tres cuartos de los estados reunidos juntos en convenciones constitucionales.

VOTO DE 2/3 EN AMBAS CÁMARAS DEL CONGRESO → 1 → APROBACIÓN DE LAS LEGISLATURAS DE 3/4 DE LOS ESTADOS (38)

MEDIANTE UNA CONVENCIÓN NACIONAL POR EL CONGRESO SOLICITADA POR 2/3 DE LOS ESTADOS → 4 → APROBACIÓN POR MEDIO DE CONVENCIONES REALIZADAS EN 3/4 DE LOS ESTADOS

Gran Bretaña

La experiencia del Parlamento británico ha influido grandemente en la evolución de las legislaturas como organismos esenciales de gobierno democrático. Sin embargo, hasta hoy, la cámara alta de este parlamento— Cámara de los Lores—no se constituye democráticamente. Su composición aún está determinada básicamente por tradición, con algunos de sus miembros nombrados por el monarca en reconocimiento de una labor especialmente meritoria. Como costumbre, muy pocos de los lores participan activamente en la gestión legislativa—que es, por cierto, sumamente restrictiva, debido a la absoluta supremacía de la Cámara de los Comunes. Por ejemplo: los lores no consideran ningún proyecto que trate de fondos públicos; y pueden posponer la aprobación definitiva de otra legislación sólo por un período máximo de un año.

La Cámara de los Comunes resulta ser el verdadero centro de poder legislativo. Es un cuerpo de 650 parlamentarios, cada uno representando una jurisdicción geográfica compuesta por unos 70,000 habitantes (pero no tienen la obligación de residir en dicha jurisdicción). Son elegibles a reelección indefinidamente y reciben un sueldo por sus servicios. Sirven un término que pueda extenderse hasta cinco años, si no hay antes una disolución de la cámara. Su principal trabajo legislativo consiste en la consideración mediante un proceso de debate de iniciativas tomadas por el ejecutivo. Hay cierta especialización de trabajo, pero las comisiones que han sido creadas para este fin no juegan un papel central en el proceso.

Estados Unidos

La convención constitucional de 1787 adoptó la estructura bicameral para la asamblea legislativa del gobierno nacional de los Estados Unidos—el Congreso. Esta decisión se basaba parcialmente en razones tradicionales, pero sirvió también como una manera de resolver el conflicto que surgió entre los estados allí representados. Los delegados de los estados pequeños deseaban básicamente la continuación de la confederación, con una sola cámara legislativa en la que cada estado tenía un voto. Los delegados de los estados grandes, por el contrario, proponían dos cámaras legislativas con representación en ambas determinada exclusivamente por criterios de población. El conflicto fue resuelto con la creación de las dos cámaras legislativas: la baja con representación a base de población y la alta con representación igualitaria, –dos senadores por estado seleccionados por las respectivas legislaturas estatales. (Desde 1913, el pueblo los elige directamente.)

El Senado ocupa una posición de supremacía con respecto a la Cámara de Representantes. Es el cuerpo menos numeroso y sus miembros sirven términos más largos, de seis años en forma rotativa; un tercio se postula para elecciones cada dos años. Tiene la facultad exclusiva de aprobar los más importantes nombramientos ejecutivos de funcionarios públicos y de oficiales judiciales, ratificar los tratados y enjuiciar los casos de residenciamiento. Aunque los proyectos de ley que traten de fondos públicos tienen que originarse en la Cámara de Representantes, no hay limitaciones al poder del Senado para modificar dichos proyectos cuando y como quiera. Los senadores tienen que tener por lo menos 30 años de edad y un mínimo de nueve años como ciudadanos.

La Cámara de Representantes se compone actualmente de 435 miembros; cada uno representa una jurisdicción geográfica que contiene unos 400,000 habitantes. Todos sirven un término de dos años y son elegibles para reelección indefinidamente. Tienen que tener por lo menos 25 años de edad y un mínimo de siete años como ciudadanos. Tanto los representantes como los senadores tienen que ser residentes del *estado,* no necesariamente del distrito, que representan.

El Vicepresidente de los Estados Unidos tiene como una de sus funciones la de servir como Presidente *ex oficio* del Senado. En su ausencia, lo preside uno de los miembros del Senado seleccionado por ellos mismos. Su título es Presidente *pro tempore* del cuerpo. La persona que preside la Cámara de Representantes ostenta el título de *Speaker.* Es siempre uno de los líderes del partido mayoritario en el mismo cuerpo.

Debido a la incapacidad del Congreso de estudiar detalladamente cada uno de los proyectos, las cámaras han decidido dividirse en comisiones para realizar esta importante tarea. Como consecuencia, dichas comisiones han llegado a ejercer una influencia quizás más decisiva sobre los asuntos sometidos a su consideración que la del Congreso en conjunto. Mucho del trabajo preparatorio de las comisiones lo realizan las subcomisiones, algunas de las cuales han llegado a ser poderosas por derecho propio. En fin, las comisiones legislativas del Congreso de los Estados Unidos desempeñan un papel político mucho más significativo que los organismos parecidos que existen en el Parlamento británico y en casi todas las demás legislaturas.

Francia

El Parlamento francés consiste en dos cámaras, el Senado y la Asamblea Nacional. El número de escaños de la Asamblea Nacional se relaciona con la población: un diputado por cada 93,000 habitantes. La Asamblea cuenta con 482 diputados, incluso diez de los *départements* de ultramar y siete de los territorios también en el exterior. Sus miembros son elegidos directamente por los votantes de los distritos que representan por un término de cinco años, período que puede abreviarse en caso de una disolución del parlamento. El Senado tiene 274 miembros. Todos son elegidos indirectamente mediante colegios electorales locales, y sirven por términos de nueve años.

Los proyectos de ley se inician siempre en la Asamblea Nacional y tienen que ser aprobados allí antes de remitirse al Senado. Cuando el Senado no está conforme con uno de ellos, se nombra una comisión conjunta de ambas cámaras con el fin de tratar de armonizar las diferencias. Si no se logra dicha armonía, la decisión de la Asamblea prevalece.

Los poderes del parlamento están severamente limitados. Por esa razón, este organismo es menos vigoroso que las asambleas legislativas de Gran Bretaña y de Estados Unidos. El Presidente de la República, por ejemplo, puede someter cualquier proyecto directamente al pueblo mediante un plebiscito. Además, tiene la potestad casi absoluta de disolver la Asamblea Nacional. Más aun que el Primer Ministro, en la actualidad el Presidente claramente domina el sistema político francés.

Alemania

El parlamento alemán lo forman dos cámaras: la Dieta Federal o *Bundestag* y el Consejo Federal o *Bundesrat*. La última representa los *Länder* o gobiernos territoriales (estados), y corresponde a cada uno un mínimo de tres escaños. Los miembros de este cuerpo sirven simultáneamente en sus respectivos gobiernos estatales y votan en el *Bundesrat* como una unidad.

El *Bundestag* viene a ser la cámara legislativa popularmente elegida. Sus miembros son elegidos por sufragio universal en parte por distritos uninominales y los demás por representación proporcional entre los partidos políticos participantes. Tienen que tener 25 años de edad y sirven un término de cuatro años, sujeto a la acción de disolución por parte del ejecutivo. La designación y la destitución del Canciller son funciones exclusivas de este cuerpo.

Derecho y los tribunales

TÉRMINOS Y CONCEPTOS CLAVES
• Tipos de derecho
- criminal
- civil
- constitucional
- administrativo
- internacional
• Sistemas de derecho
- romano
- consuetudinario *(stare decisis)*
- islámico
- marxista-leninista
•
• Sistemas nacionales de tribunales
- Estados Unidos
- Gran Bretaña
- Francia
- Alemania

Derecho, en el sentido jurídico, se refiere a las normas existentes en una sociedad que regulan la conducta y las relaciones entre los ciudadanos. Tiene como fin la resolución de los conflictos que surgen entre los individuos y los grupos sociales. Su cumplimiento queda sujeto a sanciones u otras consecuencias legales aplicadas por el estado.

En los estados modernos, la mayor parte de las leyes son promulgadas por una asamblea legislativa. Otras surgen de decretos ejecutivos y de reglamentos establecidos por agencias ejecutivas. Algunas se basan en tradiciones y costumbres. Finalmente, los mismos jueces que interpretan las leyes, al decidirlas según su propio concepto de justicia, están, en efecto, creando nuevas leyes.

Tipos de derecho

Una sociedad compleja requiere diferentes tipos de derecho, a saber: criminal, civil, constitucional, administrativo e internacional.

• **Derecho Criminal.** Consiste fundamentalmente en derecho estatutario (proveniente de estatutos) o de códigos, según el cual se establecen los actos que constituyen daños contra individuos o instituciones. Los criminales que los cometen se consideran amenazas a toda la sociedad, razón por la cual el estado, y no la parte directamente afectada, se encarga de proceder judicialmente contra el acusado.

• **Derecho Civil**: se refiere a las condiciones que existen entre partes privadas en áreas como casamientos, divorcios, herencias, bancarrotas y la conducción de relaciones comerciales. Este derecho provee los medios para que la parte afectada pueda buscar indemnización por los agravios recibidos.

• **Derecho Constitucional:** tiene la encomienda de asegurar que las leyes estatutarias y administrativas no violen la intención o el significado literal de la constitución, la ley básica, de la sociedad.

• **Derecho Administrativo:** existe para interpretar la aplicación de los reglamentos que el ejecutivo establece en conformidad con la ley estatutaria.

•**Derecho Internacional:** se refiere a las normas establecidas entre estados, las cuales se basan en costumbres, mutua conveniencia, tratados y otros acuerdos formales.

Sistemas de derecho

Existen cuatro principales sistemas de derecho en el mundo de hoy, a saber: el derecho romano, el derecho consuetudinario (o común), el derecho islámico y el derecho marxista-leninista.

• **Derecho romano**: toda civilización crea su propio sistema jurídico. La Occidental representa quizás una excepción por haber producido dos cuerpos de leyes, ambos completos y de poderosa influencia.

Los romanos crearon hace siglos en Europa un magnífico sistema jurídico, el cual fue codificado por el Emperador Justiniano en el sexto siglo de nuestra era. Dicho sistema imperaba en Europa continental hasta que unas novedosas condiciones obligaron a su adaptación una necesidad propiciada por Napoleón al principio del siglo XIX. El Código Napoleónico aún sirve como base de todos los sistemas legales de los países de Europa Occidental, así como de los que fueron colonias de naciones europeas como España, Portugal y Francia.

• **Derecho Consuetudinario.** Al contrario de la situación en Europa continental, la completa retirada de la potencia militar romana del suelo inglés, en el año 410, significó la desaparición allí de la cultura de Roma—incluso de su sistema jurídico. Quedaba, entonces, para las tribus germánicas invasoras forjar sus propias herramientas de civilización, lo cual explica por qué el derecho común o consuetudinario se desarrolló en ausencia de la influencia romana.

Sin la unidad romana, la consecuente división de la tierra condujo, como era de esperarse, a diferentes prácticas consuetudinarias de justicia. No fue hasta el mandato de Enrique II (1154-1189) que la administración de la misma se hizo uniforme en todas partes del país, uniéndose todas las costumbres en un derecho común a todo el reino.

Cuando los magistrados empezaron entonces a conservar testimonios de sus sentencias en litigios, se fue reuniendo y organizando un cuerpo de precedentes. Como resultado, implantaron tempranamente una práctica consistente en seguir el precedente (*stare decisis*), lo cual añadía el elemento de predicción al creciente sistema jurídico. Así, pues, por referencia a situaciones pasadas podían pronunciar los mismos fallos en causas idénticas, y lógicamente llegar a pronunciar nuevas sentencias en causas que eran parecidas pero no iguales. El sistema de confiar en el precedente tendía a hacer el derecho extremadamente conservador, pero llenaba los requisitos mínimos de justicia, puesto que era predecible, regular y uniformemente aplicada. También condujo a la aparición del primer grupo de abogados profesionales desde los días de Roma.

•**Derecho Islámico.** Los sistemas legales en casi todos los países islámicos se fundamentan en el Corán. En este libro sagrado las palabras del profeta Mahoma sirven como reglas con fuerza de ley. Aún en nuestros días, toda legislación de estos países tiene que formularse a la luz de dichos principios, que limitan así las acciones de los líderes políticos a una mera aplicación de los mismos en situaciones particulares.

Los tribunales

Un tribunal consiste en un juez o grupo de jueces que adjudica o decide por medio de un proceso legal una disputa, o entre partes privadas o entre una parte privada y el gobierno. También juzga personas acusadas de actos criminales.

El tribunal en el cual se origina el proceso jurídico se denomina de primera instancia. Para apelar el caso, existen uno o más niveles de tribunales superiores. En Estados Unidos, con pocas excepciones, los mismos tribunales se ocupan tanto de procesamientos criminales como de casos civiles. Muchos otros países, en contraste, establecen tribunales separados para la aplicación de diferentes clases de derecho.

Sistemas de tribunales

Cada país tiene su propio sistema de tribunales, ninguno exactamente igual. Prácticamente todos, sin embargo, se estructuran en forma de una pirámide, empezando con una amplia base formada por una cantidad de tribunales de primera instancia. Estos cubren normalmente una pequeña jurisdicción geográfica y atienden casos de delitos menores. Muchas veces están presididos por jueces sin adiestramiento profesional, como los *juges de paix* (una especie de juez de paz) en Francia. Más arriba se hallan uno o más tribunales de apelación. Finalmente, en la cúspide existe un tribunal supremo.

Estados Unidos

El artículo III de la Constitución de los Estados Unidos asigna el poder judicial a «un tribunal supremo y a aquellos tribunales inferiores que periódicamente el Congreso creare y estableciere». El sistema así creado y establecido consta de dos niveles de tribunales inferiores: de distrito y de apelación.

En la actualidad hay 88 tribunales de primera instancia del gobierno nacional en los 50 estados. Hay también tribunales de distrito adicionales en otras jurisdicciones de la nación, incluso en el Distrito de Columbia y en Puerto Rico. Ordinariamente sólo un juez preside un tribunal de distrito. El procurador o fiscal y el alguacil mayor de los Estados Unidos son funcionarios nombrados para períodos de cuatro años con el fin de prestar ayuda a estos tribunales. En cuanto a los tribunales de apelación, el Congreso ha creado diez «circuitos» numerados cuyas jurisdicciones cruzan, naturalmente, las líneas estatales y otro adicional para el Distrito de Columbia. Dado que los tribunales de apelación tienen tres jueces que entienden en cada causa, ningún circuito tiene menos de ese número, y la mayoría de ellos tienen entre cinco y nueve. Recientemente, el Congreso ha autorizado un aumento significativo en el número de jueces federales para tratar así de aligerar la cantidad de casos que cada juez ha de considerar.

La Constitución confirió al Congreso facultad absoluta sobre estos tribunales federales «inferiores», con la única especificación de que una vez que un juez ha sido confirmado y ha prestado juramento puede seguir en el ejercicio del cargo mientras observe «buena conducta», o sea, vitaliciamente, a no ser que renuncie o se le condene tras una acusación formal; y su sueldo no puede reducirse mientras ocupe el cargo. El Presidente está capacitado por la Constitución para nombrar a los jueces federales; pero dichos nombramientos quedan sujetos a confirmación por parte del Senado.

Con respecto al Tribunal Supremo, la Constitución le concede dos garantías: (1) no puede abolirse y (2) su jurisdicción original (causas que atañen a «embajadores, otros ministros públicos, cónsules y en aquellas en que sea parte un estado») no puede ser objeto de intervención del Congreso. Este puede, sin embargo, aumentar el número de jueces o reducirlo e igualmente cambiar el tipo de pleito que se apela al Tribunal Supremo. En realidad, el tribunal empezó con un magistrado presidente y cinco adjuntos, alcanzó un máximo de diez, para ser luego reducido a nueve en 1869. Igual que para los demás jueces federales, sus nombramientos son políticos.

Además de interpretar las palabras escritas en las leyes, los tribunales federales tienen la responsabilidad de *revisión judicial*. Esto significa que cualquier tribunal federal puede declarar que una ley del Congreso o una resolución del gobierno es nula y sin ninguna validez si considera que las mismas no están en conformidad con la Constitución. Sólo el Tribunal Supremo, sin embargo, ha de pronunciar la última palabra.

Los estados de la unión norteamericana tienen sus propios sistemas de tribunales, y ellos se ocupan del grueso de los litigios realizados en el país. Los tribunales federales se ocupan únicamente de aquellas causas que están enumeradas en la Constitución y definidas por el Congreso. En el sistema federal, los derechos de los litigantes en causas civiles y criminales gozan de protecciones constitucionales, tanto nacionales como estatales.

Gran Bretaña

El sistema moderno de justicia en Gran Bretaña data de 1873. El mismo encarna las bien arraigadas tradiciones de derecho consuetudinario. Se divide en dos principales ramas: civil y criminal.

Por ley y costumbre, el monarca nombra a todos los jueces británicos. En realidad, el Rey actúa siempre a base de los consejos que le da el Primer Ministro quien, a su vez, selecciona únicamente a los candidatos que recomienda el *Lord Chancellor*. Este funcionario preside la Cámara de los Lores y ocupa un puesto en el gabinete. Los jueces así seleccionados gozan de permanencia vitalicia y no pueden ser destituidos a no ser que incurran en alguna conducta sumamente imprudente.

Los tribunales en Gran Bretaña tienen la potestad de interpretar las leyes del Parlamento mientras las aplican en casos específicos, pero no pueden declararlas inconstitucionales. Además, si llegaran a intentarlo, el Parlamento podría muy fácilmente anular tal acción mediante la aprobación de una nueva ley. Por consiguiente, en cuanto a su relación con el poder legislativo, el poder judicial resulta ser extremadamente débil en el sistema político británico.

Francia

La estructura del sistema de tribunales en Francia se asemeja a la de Gran Bretaña. La base de la misma está formada por los *juges de paix*, uno en cada «comuna», la jurisdicción política más pequeña del país. El próximo nivel tiene unos 300 tribunales de distrito, cada uno con dos secciones, civil y criminal, y ambas compuestas por tres jueces.

Los tribunales de apelación constituyen el próximo nivel jerárquico. Hay 27 de ellos, cada uno con cinco jueces (siete en París) para los casos civiles y otro tribunal de apelación en cada provincia para casos criminales.

El Tribunal Supremo, o de Casación, se divide en tres secciones—peticiones de equidad, civil y criminal—cada una compuesta por 16 jueces. Hay, además, dos tribunales adicionales: el Consejo del Estado, que funciona como un tribunal supremo de derecho administrativo, y el Tribunal Constitucional cuyo papel está limitado a la expresión de la constitucionalidad de cualquier ley a petición del Presidente de la República o de otro oficial nacional.

Los jueces en Francia constituyen una profesión dentro de la administración pública. Entran en ella mediante un examen competitivo y llegan a ocupar puestos de más jerarquía a base de ascensos. Los nombra el Presidente de la República.

Alemania

Como en Francia, Alemania cuenta con un Tribunal Supremo Administrativo, y con un Tribunal Constitucional. Ellos están considerados, sin embargo, como algo aparte del sistema judicial del país.

El único tribunal federal regular es el Tribunal Supremo, el cual tiene tres secciones, cada una de ellas compuesta por cinco jueces: una sección civil, una sección criminal de apelaciones y una sección criminal de primera instancia para delitos sumamente graves. Salvo por los que van directamente a esta tercera sección, todos los casos federales, civiles y criminales, se originan en los tribunales de los *Länder* (los estados).

El sistema judicial alemán no dispone del equivalente del juez de paz. El tribunal de nivel más bajo corresponde al llamado tribunal «local», y uno de ellos se halla en cada municipio. Tienen un solo juez. El próximo nivel consta de una serie de tribunales de distrito en cada *Länder,* presididos por tres jueces. Los casos criminales más serios pueden apelarse directamente a la sección correspondiente del Tribunal Supremo Federal. Los casos civiles también pueden apelarse a la sección civil del Tribunal Supremo Federal.

Al igual que en Francia y en otros países europeos, los jueces alemanes forman una profesión aparte. Para entrar en ella, los candidatos tienen que recibir una educación universitaria especial y aprobar un examen competitivo. Los nombramientos a los tribunales estatales los hace el correspondiente Ministro de Justicia. Para el Tribunal Supremo Federal lo hace una comisión especial con el visto bueno del Presidente de la República Federal.

CAPITULO 8

Las relaciones internacionales en un mundo cambiante

TÉRMINOS Y CONCEPTOS CLAVES

• Las relaciones internacionales contemporáneas
  - Características básicas
• La comunidad internacional
  - La Sociedad de Naciones
  - Las Naciones Unidas (O.N.U.)
  - La Organización de los Estados Americanos (O.E.A.)
  - La Organización del Tratado del Atlántico del Norte
    (O.T.A.N.)
  - La Comunidad Económica Europea
• El terrorismo internacional
• La interdependencia económica: globalización

Por primera vez en la historia del mundo, la política internacional es verdaderamente mundial. No sólo hay más estados y otras entidades tomando parte en ella sino que la tecnología de nuestra era ha multiplicado los recursos que tienen a su disposición para involucrarse es esto de forma más efectiva. Además, lo que solía considerarse como acontecimientos netamente internos, ahora frecuente-mente tienen repercusiones universales. Existen también grandes conflictos ideológicos y de otras índoles que dividen a los pueblos. Indudablemente, el mundo vive bajo la sombra de grandes inseguridades.

En lo fundamental, las relaciones internacionales contemporáneas entrañan el aspecto de la pura supervivencia. Muchos países se encuentran indecisos entre el tener protección o el aceptar el dominio de los países poderosos. Éstos, en cambio, se ven acuciados por el deseo de mantener su preponderancia y de fortalecer su seguridad frente a posibles contrincantes. La mayor necesidad del sistema internacional contemporáneo es del logro de un nuevo concepto de orden.

144

A través de la historia, el poder militar ha sido considerado el recurso final. Sin embargo, la era nuclear ha limitado esta opción. La paradoja del poderío militar contemporáneo estriba en que el inmenso incremento en poder ha disminuido la capacidad de influir en otros aspectos del ambiente mundial. Por esta misma razón, existe más libertad para acción autónoma a niveles inferiores por parte de otros estados o entidades que operan en el ambiente internacional. Esta situación tiene serias consecuencias para el concepto tradicional del equilibrio de poder para el mantenimiento del sistema internacional.

En las relaciones formales entre los estados que componen el actual sistema internacional, existe el principio de que todos deben ser iguales e independientes y que no debe haber una relación de supremacía o de sujeción entre ellos. Naturalmente, ser independiente y soberano no significa poder hacer lo que se quiera fuera de las propias fronteras sino que, dentro de las propias, no puede otro estado hacer lo que quiera. Sin embargo, tal concepto resulta cada vez más incompatible con las condiciones del mundo actual— un mundo que se ha achicado y que es tan interdependiente que apenas pueden subsistir sus divisiones fronterizas tradicionales. Los problemas de burocratización, contaminación, control del ambiente, energía y crecimiento urbano afectan a todos por igual sin consideraciones nacionales.

Pese a las tendencias unificadoras que destacan la idea de la existencia de una "comunidad internacional", la base del orden político mundial aún descansa sobre el principio de la igualdad soberana de los estados nacionales. No obstante, existen manifestaciones concretas del deseo de formar comunidades que trasciendan las tradicionales fronteras nacionales. La idea de comunidad internacional comenzó a institucionalizarse luego de la Primera Guerra Mundial cuando la quiebra del orden europeo establecido subrayó la necesidad de una organización más estable para asegurar la cooperación entre los países y pueblos del mundo. El pacto de la Sociedad de Naciones fue aprobado como parte de los tratados de paz que pusieron fin a la guerra, simbolizando así la voluntad de los vencedores de establecer un orden mundial duradero. La Sociedad de Naciones representa, pues, el primer intento de asociar a todos los distintos estados nacionales del mundo dentro de una sola colectividad.

Los órganos de la Sociedad de Naciones eran similares a los de la actual Organización de las Naciones Unidas (O.N.U.) y, de hecho, son su precedente. Sin embargo, aquella no logró su objetivo principal de mantener la paz. Fue incapaz de impedir los actos de fuerza de la Italia fascista y de la Alemania nazi y, al momento del estallido de la Segunda Guerra Mundial, apenas representaba nada. El país que más hubiera podido contribuir a su sostenimiento, los Estados Unidos, no llegó a formar parte de la misma debido a que el Congreso estadounidense se negó a ratificar el pacto. Se disolvió formalmente en 1946, transfiriéndose sus bienes a una nueva organización mundial, la organización de las Naciones Unidas.

Al igual que como ocurrió con respecto a la creación de la Sociedad de Naciones, la O.N.U. resultó de la victoria militar aliada en la Segunda Guerra Mundial y del deseo de los vencedores de crear "una organización internacional general basada en el principio de la igualdad soberana de todos los estados amantes de la paz y abierta a todos los estados que cumplan esta condición, grandes y pequeños, para el mantenimiento de la paz y de la seguridad internacionales". Como era de esperarse, la organización así creada reflejaba, básicamente, los acuerdos concluidos entre los cinco "grandes" estados: China, los Estados Unidos, Francia, el Reino Unido y la Unión Soviética (hoy Rusia).

La O.N.U. consta de dos órganos principales: la Asamblea General y el Consejo y Seguridad. La Asamblea General, compuesta por representantes de todos los estados miembros, se basa en el principio de igualdad pero sus funciones son sólo recomendatorias y consultivas. El Consejo de Seguridad, por el contrario, consta de once miembros, entre ellos los cinco grandes con carácter de "permanentes". Estos gozan del derecho de veto, lo cual significa que el Consejo no puede tomar ninguna decisión sobre una cuestión determinada (salvo una de procedimiento) por encima del veto de alguno de los cinco "grandes".

Otros órganos, también denominados "principales", aunque de menor importancia relativa que el Consejo y la Asamblea, se ocupan de aspectos particulares de la organización. El Consejo de Administración Fiduciaria supervisa el régimen de tutela, estudia las peticiones de los habitantes de los territorios sometidos a este régimen y hace recomendaciones sobre la evolución hacia el gobierno propio de los mismos. El Consejo Económico y Social es un órgano consultivo en cuestiones de cooperación económica y social que promueve el establecimiento de relaciones entre los estados en esas materias. El Tribunal Internacional de Justicia se ocupa de la solución pacífica de conflictos y de asesorar a la organización sobre asuntos jurídicos. La Secretaría, el órgano administrativo, suministra personal a las demás dependencias, aunque cuenta también con alguna facultad de iniciativa. Este cuerpo de funcionarios internacionales da a la organización un carácter verdaderamente internacional, desligado de las políticas particulares de los estados miembros. Dichos funcionarios profesionales son reclutados de acuerdo al principio de distribución geográfica de modo que no predomine un estado o un grupo de países determinado. A la cabeza de la Secretaría está el Secretario General, quien es "el más alto funcionario administrativo de la organización".

Con anterioridad a la creación de la O.N.U., ya existían varias organizaciones internacionales encargadas de funciones específicas. Algunas de ellas subsisten todavía con la misma estructura (la Unión Postal Internacional) o en forma modificada (la Unión Internacional de Telecomunicaciones). La Sociedad de Naciones había creado la Organización Internacional del Trabajo. Luego, durante la Segunda Guerra Mundial, fueron creadas dos organizaciones más de carácter económico (el Banco Mundial y el Fondo Monetario Internacional) así como una para la aviación civil (la Organización de Aviación Civil Internacional). El Artículo 57 de la Carta de las Naciones Unidas previó la vinculación de estos organismos intergubernamentales a la O.N.U así como la de otros de nueva creación. Por otra parte, el Artículo 52 permite la existencia de organismos regionales dedicados a la paz y a la seguridad de sus miembros. Su propósito fue el de incorporar dentro de la O.N.U. la ya existente Organización de Estados Americanos (O.E.A.). Pero esto nada tiene que ver con otros acuerdos regionales políticos y militares, como los de la O.T.A.N. (la Organización del Tratado del Atlántico del Norte) y la Liga Arabe. Son éstos, fundamentalmente, pactos o alianzas de carácter militar que responden más bien al derecho, reconocido por la O.N.U., de cada país a proveer para su legítima defensa individual o colectivamente.

Cabe destacar que, sobre todo en Europa Occidental, la época de la posguerra ha sido también un período en el que se han dado muchos esfuerzos de integración supranacional, especialmente en el plano económico. El resultado más notable viene a ser la llamada Comunidad Económica Europea la cual agrupa los principales países de la región en un verdadero mercado común (libre circulación de personas, mercancías y capital, arancel aduanero común, política comercial común respecto a terceros países y, finalmente, moneda común).

En fin, el hecho es que hoy, más que nunca, ningún sistema político nacional puede permanecer totalmente aislado ya que existen, además, un sinfín de otros gobiernos nacionales, alianzas, coaliciones, organizaciones y entidades internacionales cuyas acciones, inevitablemente, afectan las posibilidades de sus propias realizaciones. En realidad, las relaciones internacionales asumen hoy día un carácter completamente distinto al que tuvieron en el período anterior a la caída del comunismo en la ex Unión Soviética y otros países del "mundo socialista" al principio de la pasada década de 1990.

Una rivalidad ideológica entre dos "superpotencias" ya no existe. Algo más tranquilizante, también, es la sombra de duda sobre la anterior credibilidad en torno al elemento disuasivo nuclear estadounidense. Varios países disponen ya de armamentos nucleares pero menos es la preocupación de su uso mediante proyectiles balísticos intercontinentales. Queda una sola "superpotencia", los Estados Unidos, con una superioridad militar y económica sin rival en la actualidad. No obstante, aún subsisten graves problemas en todas partes del mundo que amenazan la paz y la estabilidad del presente orden— problemas de tal naturaleza que los Estados Unidos, aun con todo el poderío y riqueza que tiene a su disposición, no puede resolver. Aún más, han surgido fuerzas no tradicionales dispuestas a retar la actual hegemonía norteamericana. La más significativa entre ellas es el peligro que representa el "terrorismo internacional".

El terrorismo no es una ideología sino más bien una estrategia o táctica dirigida a lograr una meta superior. El (Diccionario de la Real Academia de la Lengua Española) define un terrorista como "... partidario de la dominación por el terror mediante una sucesión de actos de violencia". El gobierno británico lo considera como una persona "que emplea la violencia para fines políticos".

Las agrupaciones terroristas son vistas por muchos como grupos criminales pero son en realidad unidades paramilitares bien organizadas y disciplinadas cuyos miembros se visualizan a sí mismos como "partidarios", "nacionalistas" o "de la resistencia" en vez de "terroristas".

Casi todos los países democráticos occidentales han sufrido ataques terroristas y aun en casos en que movimientos autóctonos los han perpetrado, casi siempre éstos están apoyados, financiados y reforzados por una ayuda extranjera. No se trata, pues, de un asunto puramente interno sino de una cuestión de defensa contra un enemigo internacional. En fin, el terrorismo no puede ser comprendido ni combatido si se mira simplemente como un fenómeno aislado. Sus dimensiones internacionales exigen como política fundamental una defensa coordinada a nivel mundial. El problema que se plantea es el de cómo combatir y evitar los horrores causados por las conspiraciones terroristas sin adoptar medidas tan represivas que las mismas pongan en peligro los principios básicos de la sociedad libre que se defiende.

Otra novedad importante en la política internacional contemporánea reside en el crecimiento de la interdependencia económica. Las relaciones económicas ya no se limitan al tradicional intercambio de productos fabriles por alimentos y materias primas. Las transacciones económicas han ido convirtiéndose cada vez más en intercambios de artículos manufacturados por artículos manufacturados, en desplazamiento de capital de financiamiento entre países, en transferencias de tecnología y en inversiones directas en el extranjero hasta con la instalación de propiedad de un establecimiento fuera del país de origen.

Estas modificaciones tienen implicaciones muy significativas. El hecho es que cualquier cambio en la política económica nacional puede tener hoy una gran repercusión en otros países afectando, por ejemplo, la producción, el número de empleos y el grado de competencia.

Debido a que las consideraciones económicas han cobrado una importancia cada vez mayor dentro de la política exterior, tanto los estudiosos como los partícipes activos en materia de relaciones internacionales tienen hoy que ocuparse de ellas más que en las pasadas décadas. De hecho, la separación tradicional entre economía y diplomacia y entre política interna y política externa está haciéndose insostenible. Sin duda la política es un fenómeno ubicuo, de una misma realidad que puede verse desde distintas perspectivas.

APÉNDICE 1

Una radiografía de la sociedad global

Si se pudiera reducir proporcionalmente la población mundial a una sola aldea de exactamente 100 habitantes, la misma tendría la siguiente composición:

Habría:

- 57 asiáticos
- 21 europeos
- 14 de las Américas
- 8 africanos
- 52 mujeres
- 48 hombres
- 30 de raza blanca
- 70 de otras razas
- 30 cristianos
- 70 de otras religiones
- 11 homosexuales
- 89 heterosexuales
- 6 que controlan el 59 por ciento de la riqueza total
- 80 sin vivienda mínimamente adecuada
- 50 en condiciones de malnutrición
- 1 con una computadora
- 1 con una educación universitaria

- Si usted tiene comida en la nevera, ropa y un lugar físico en donde dormir, es más rico que un 75 por ciento de la población del mundo.
- Si tiene algún dinero en el banco y otro poco en su bolsillo, usted figura entre el 8 por ciento de las personas más ricas del mundo.

- Si puede asistir a la iglesia de su selección sin temor a persecución, no figura entre los 3 mil millones de habitantes del mundo que no gozan de esta situación de privilegio.
- Si vive bajo un sistema de gobierno verdaderamente democrático, debe entender que se trata de algo todavía excepcional.
- El mero hecho de poder leer este mensaje le da una enorme ventaja sobre el 70 por ciento de los habitantes de la Tierra que no saben leer ni escribir.

APÉNDICE 2

¿Globalización o globalismo?[1]

Elio Pérez

> *"Nos encontramos ante un*
> *mundo extraño y misterioso"*
> Cristóbal Colón

Hoy en día es comúnmente aceptado que nos hallamos en un punto de inflexión, en una época de transición entre dos eras. Los grandes cambios se suceden vertiginosamente, mientras van cayendo ideas y esquemas que se tenían por válidos no ha mucho; como caía el otrora infranqueable telón de acero una década atrás. Incluso ha habido quien, como Fukuyama, ha decretado el fin de la historia, y con él el de las ideologías, consideradas hasta la fecha piedra angular del pensamiento humano, y clave fundamental para la interpretación del mundo que nos rodea, configurado tras largos años de evolución social y política. Dicha discutible sentencia cobra sentido cuando se observa la actual distribución de fuerzas en el panorama político mundial.

Desde el fin de la Segunda Guerra Mundial, el mundo se encontraba polarizado en torno a la oposición de las dos superpotencias (EEUU-URSS), enfrentamiento que se traducía en dos áreas bien diferenciadas social, política y económicamente. Ahora bien, tras la desaparición del bloque comunista, se impone la perspectiva capitalista a nivel internacional, liderada ésta por Estados Unidos y, en menor medida, por la Unión Europea. En palabras de Anthony Lake, asesor de Seguridad Nacional de EE.UU, durante la presentación de la Doctrina Clinton en 1993: "Durante la Guerra Fría, contuvimos la amenaza global hacia las

---

[1] Tomado de una página del Internet sin identificación de fuente.

democracias de mercado: ahora debemos tratar de ampliar su alcance. [...] El nuevo mundo presenta inmensas oportunidades para consolidar la victoria de la democracia y de los mercados abiertos". Sus palabras encierran, principalmente, la consigna que se lanza hoy desde los mercados a la sociedad: la nueva situación mundial y la política económica neoliberal permitirán, a través de la apertura de los mercados, una mayor libertad y un aumento en la creación de riqueza que redundará en el beneficio de los ciudadanos.

En definitiva, y en palabras de David Hale: "El hundimiento del comunismo y la difusión de las ideas liberales en los países en vías de desarrollo iban a hacer de los años noventa la segunda gran época del capitalismo mundial desde el final del siglo XIX". Esta situación es denominada habitualmente "globalización"; tanto por los que se identifican con ella (sirvan como ejemplo los citados anteriormente) y ensalzan sus virtudes, como por aquellos que, por el contrario, remarcan sus aspectos negativos (fundamentalmente la desigualdad que genera) y, en consecuencia, se oponen. Estos últimos harían suya la frase de John Dewey "la política es la sombra que el gran capital arroja sobre la sociedad", pues consideran que la globalización es subproducto del neoliberalismo, que pretende la conquista del mercado mundial reduciendo la política y la democracia y sometiéndolas al modelo económico imperante.

Siendo el movimiento "antiglobalización" heterogéneo por naturaleza, confluencia de tendencias muy dispares en los últimos años, ha mostrado sin embargo una posición firme y clara en determinados aspectos, entre los que merece especial mención la oposición a la política del Fondo Monetario Internacional (FMI), considerada punta de lanza del neoliberalismo, que se materializó en las protestas de Seattle y Praga.

Pues bien, independientemente de la postura que cada cual adopte frente a dicha disyuntiva, me remito a las palabras de Ulrich Beck para dar al término "globalización" su justo sentido. Si bien es indudable que hoy en día se impone la hegemonía del modelo liberal, dicha situación podría ser referida como "globalismo", con el objeto de reservar para "globalización" el sentido que se le dio en un principio. Globalización es el proceso de desaparición de las fronteras nacionales, un proceso que posee aspectos políticos, sociales, económicos y culturales, y que no se reduce en exclusiva al sistema económico descrito en los párrafos anteriores, por muy importante que sea el papel que juegue éste en la globalización.

A este proceso constitutivo de la "Aldea Global" han colaborado diversos factores, entre los que destaca el desarrollo de las tecnologías de la información y comunicaciones (TICs), que han permitido que la información viaje de manera instantánea a nivel planetario. En España, se ha pasado en una generación del camino regional a las autopistas de la información, del monopolio estatal televisivo al universo de canales (digitales, analógicos, por satélite, por cable...) y, ante todo, del transistor a pilas al teléfono celular, indiscutible ícono de la modernidad española y mundial. Dichos cambios han permitido la interconexión y movimiento de personas, mercancías y capitales y han propiciado el mutuo contacto y conocimiento de los estados, pueblos y naciones; que desemboca en el debilitamiento de las fronteras nacionales en otro tiempo herméticas. Como apuntábamos con anterioridad, ésta es la característica fundamental de la globalización.

Por tanto, cuando los gurús del neoliberalismo ven en el mercado la panacea mundial, cuando los grupos "antisistema" se oponen en las cumbres del FMI a la política económica de éste, en definitiva, cuando se habla del nuevo orden mundial, se hace referencia al "globalismo", modelo que tiene sus venta-jas y sus inconvenientes, sus partidarios y sus detractores, sus vencedores y sus vencidos. Pero más allá de la economía está la globalización, un proceso que sacude nuestra forma de ver la realidad ya que, ampliando nuestras perspectivas, no deja de empequeñecer el mundo. Nos lleva, además, a una fusión sin precedentes de todo aquello que, hoy por hoy, es patrimonio de la especie humana. Como hiciera el navegante genovés que encabezaba esta breve reflexión , y cuyo descubrimiento sería un primer anticipo de globalización, fijemos nuestra vista en el horizonte y emprendamos un viaje que esperemos concluya con mejores resultados que aquel realizado quinientos años atrás.

APÉNDICE 3

La globalización, ¿buena o mala?[1]

Juan Carlos Martínez Coll

El triunfo internacional del sistema de libre comercio está generando una reacción crítica que se aglutina como movimiento antiglobalización. Los críticos de la globalización consideran que, aunque este fenómeno esté resultando favorable para la prosperidad económica, es definitivamente contrario a los objetivos de equidad social. La protesta que se manifiesta en enfrentamientos contra los organismos internacionales, FMI, OMC y otros es, de hecho, una reacción contra el excesivo triunfalismo del liberalismo económico que debe ser tenida muy en cuenta. La voz de las ONG y de otros participantes del movimiento antiglobalización está teniendo un eco en el interior de estos organismos internacionales que cada vez están mostrando una mayor conciencia de la necesidad de afrontar los problemas sociales globales al mismo tiempo y con el mismo interés que los financieros.

Para juzgar las ventajas y los inconvenientes de la globalización, es necesario distinguir entre las diversas formas que adopta ésta. Algunas formas pueden conducir a resultados positivos y otras a resultados negativos. El fenómeno de la globalización engloba al libre comercio internacional, al movimiento de capitales a corto plazo, a la inversión extranjera directa, a los fenómenos migratorios, al desarrollo de las tecnologías de la comunicación y a su efecto cultural. Por ejemplo, la liberalización de los movimientos de capital a corto plazo sin que haya mecanismos compensatorios que prevengan y corrijan las presiones

---

[1] Tomado de: LA ECONOMÍA DE MERCADO, VIRTUDES E INCONVENIENTES, http://www.eumed.net/cursecon/15/globalizacion.htm (fecha de consulta: marzo 2002.

especulativas, ha provocado ya graves crisis en diversas regiones de desarrollo como el sudeste asiático, México, Turquía y Argentina. Estas crisis han generado una gran hostilidad hacia la globalización en las zonas afectadas. Sin embargo, sería absurdo renegar de los flujos internacionales del capital que son imprescindibles para el desarrollo.

En general, el comercio internacional es positivo para el progreso económico de todos y para los objetivos sociales de eliminación de la pobreza y la marginación social. Sin embargo, la liberalización comercial, aunque beneficiosa para el conjunto de la población del país afectado, provoca crisis en algunos sectores que requiere la intervención del estado. Si se quiere que los avances de la globalización sean mejoramientos equitativos, es decir, sin que disminuya el bienestar de nadie, es necesaria la intervención de los gobiernos y los organismos internacionales redistribuyendo los beneficios y compensando a los perjudicados.

En cualquier caso, aunque el progreso global facilite la consecución a largo plazo de objetivos sociales, la especial gravedad de algunos problemas requiere una actuación decidida sin esperas. Por otra parte, es posible que los críticos anti-globalización no estén conscientes de los efectos sociales positivos de ésta. Consideremos, por ejemplo, el efecto que están teniendo la globalización cultural, el turismo y los movimientos migratorios sobre el papel de la mujer y los derechos de los niños en las sociedades más tradicionales.

Una crítica que suele plantearse en los países avanzados es que la globalización reduce los salarios reales y provoca la pérdida de puestos de trabajo. Los críticos sostienen que la oleada de productos que requieren mucha mano de obra generados en países en desarrollo y de salarios bajos reduce drásticamente el empleo en los países industriales. Este argumento se suele utilizar para restringir las importaciones de los países en desarrollo. En realidad, el tema es bastante más complejo.

En las últimas décadas, primero un grupo de países y luego otro han comenzado a abrir sus economías y a beneficiarse del comercio. A medida que estos países prosperan, sus salarios reales aumentan y dejan de ser competitivos en una producción que requiere un uso intensivo de mano de obra. No sólo dejan de ser una amenaza para los trabajadores de los países industriales sino que, además, se convierten ellos mismos en importadores de bienes que requieren mucha mano de obra. Este proceso se observó en Japón en los pasados años setenta, Asia oriental en los ochenta y China en los noventa.

Los beneficios de la globalización casi siempre superan los perjuicios pero hay perjuicios y, para contrarrestarlos, se necesitan instituciones adecuadas. Cuando las empresas de capital extranjero causan contaminación en los países en desarrollo, la solución no es impedir la inversión extranjera o cerrar esas empresas sino diseñar soluciones puntuales y, sobre todo, organizar la sociedad con ministerios, normas medioambientales y un aparato judicial eficaz que las imponga.

El reforzamiento de las instituciones debe producirse, también, a nivel internacional. El FMI debe diseñar medidas de previsión y control de los perjuicios causados por los movimientos espasmódicos de capital a corto plazo. Además, debe actuarse de forma más coherente. Por ejemplo, si la OMC fomenta el libre comercio, no debe aceptar barreras comerciales justificadas por razones sociales. La lucha contra el trabajo infantil, por ejemplo, no debe basarse en represalias comerciales sino en un mayor intervencionismo de la Organización Internacional del Trabajo o de la Organización Internacional de la Salud.

APÉNDICE 4

Antiglobalización: ¿Cuáles son nuestros objetivos?[1]

Michael Albert

Los activistas antiglobalización creemos que unas relaciones globales que fomenten la mutua comprensión y que nos beneficien a todos por igual son muy deseables, pero queremos que estos lazos sociales globales nos sirvan para avanzar hacia una igualdad universal, fomenten la solidaridad y fortalezcan la diversidad y la autonomía, y no se utilicen para someter ante una minoría elitista a un número cada vez mayor de seres humanos. Deseamos globalizar la equidad y no la pobreza, la solidaridad y no las conductas antisociales, la diversidad y no el conformismo, la democracia y no la subordinación, el desarrollo ecológico sostenible y no la rapacidad suicida. Surgen dos preguntas: ¿Por qué estas aspiraciones nos llevan a criticar la globalización corporativa? ¿Y qué nuevas instituciones proponemos para lograr estas aspiraciones?

Los actuales beneficios del mercado comercial internacional favorecen a aquellos que al participar en los intercambios ya poseen la mayoría de los activos. Dejando la retórica oportunista a un lado, los capitalistas globalizadores intentan despojar de poder a los pobres y ya débiles y dar más poder a los ricos y ya fuertes. El resultado es que de las 100 economías más grandes del mundo, 52 no son países sino corporaciones. Los activistas antiglobalización nos oponemos a la globalización capitalista porque viola la equidad, la diversidad, la solidaridad, la autogestión y el equilibrio ecológico que perseguimos ¿Qué proponemos para substituir las instituciones de la globalización capitalista,

---

[1] Tomado de: Z MAGAZINE, septiembre, 2001.

o sea el Fondo Monetario Internacional, el Banco Mundial, y la Organización de Comercio Mundial?

El Fondo Monetario Internacional (FMI), y el Banco Mundial fueron fundados después de la Segunda Guerra Mundial. Se suponía que el FMI proporcionaría recursos para combatir las insolvencias que aquejaban a países y pueblos en todo el mundo.

El Banco Mundial se suponía que facilitaría la inversión a largo plazo en países subdesarrollados para ampliar y consolidar sus economías. Dentro de las relaciones de mercado existentes, estas metas fueron positivas. Con el correr del tiempo, sin embargo, y en forma dramática a partir de los años 80, los objetivos de estas instituciones cambiaron. El FMI, en vez de facilitar la estabilización del mercado cambiario y de ayudar a los países a protegerse de las fluctuaciones financieras, comenzó a derribar todas y cada una de las barreras que se oponían a la circulación de capitales y la búsqueda de beneficios rápidos e indiscriminados, con lo cual actuaba virtualmente en contra de su mandato. El Banco Mundial, en vez de facilitar inversiones para beneficio de las economías pobres locales, se convirtió en una herramienta del FMI, proporcionando y reteniendo préstamos, no con un ojo mirando a las ventajas del país receptor, sino prestando mucha más atención a las ventajas para las grandes multinacionales. Además, la Organización Mundial del Comercio (OMC) se convirtió su objetivo en regular el comercio en representación de los más ricos y poderosos.

No es difícil concebir cambios que pudieran corregir esa situación. En primer lugar, ¿por qué no reemplazar el FMI, el BM y la OMC por una Organización Internacional de Activos (OIA), una Organización Global de Ayuda a la Inversión (OGAI), y una Organización Global de Comercio (OGC)?. Estas tres instituciones nuevas (no simplemente instituciones reformadas), trabajarían para lograr equidad, solidaridad, diversidad, autogestión y equilibrio ecológico en el intercambio financiero internacional, en inversión y desarrollo, en comercio y en el intercambio cultural.

Estas nuevas instituciones intentarían asegurarse de que las ventajas del comercio y la inversión aumenten desproporcionadamente hacia el lado de la parte más débil y pobre y no del de la más rica y poderosa. No limitarían la capacidad de los gobiernos para utilizar sus dólares adquiridos en favor de los derechos humanos, el medio ambiente, los derechos de los trabajadores y otros propósitos no comerciales, sino que justamente lo aconsejarían y facilitarían que se hiciese. Estas nuevas instituciones promoverían y ordenarían la cooperación internacional para establecer un control público y la soberanía ciudadana sobre las corporaciones globales. También limitarían que las corporaciones se evadan de la jurisdicción de las leyes locales, provinciales y nacionales, a través, por ejemplo, de un Código de Conducta para las Corporaciones Transnacionales obligatorio, que incluiría regulaciones que afecten al trabajo, el medio ambiente, las inversiones y la conducta social.

Además de tomar control sobre el FMI, el BM y la OMC y de reemplazarlos con las tres estructuras totalmente nuevas arriba descritas, los activistas del movimiento antiglobalización abogamos por el reconocimiento del principio que las relaciones internacionales no deben construirse desde instituciones centralizadas sino de abajo hacia arriba. El problema no son las relaciones internacionales per se. Los activistas anti-globalización somos de hecho internacionalistas. El problema reside en que la globalización capitalista modifica las relaciones exageradamente a favor de los ricos y poderosos. Por el contrario, los activistas queremos debilitar al rico y al poderoso y aumentar el poder y mejorar las condiciones del pobre y débil. Nosotros, los activistas de la antiglobalización sabemos muy bien lo que queremos: justicia internacional globalizada en vez de capitalismo globalizado.

Cuando la gente pregunta a los activistas "¿cuáles son tus objetivos?", no sólo están preguntando cuáles son tus objetivos internacionalmente; también quieren saber cuáles son para ti las opciones en lugar del capitalismo. Si tenemos capitalismo, razonan, habrá inevitablemente enormes presiones a favor de la globalización capitalista y contra innovaciones anti-capitalistas. OIA, OGAI, OGC suenan bien, pero incluso si las consiguieras poner en marcha, las economías domésticas de todos los países pugnarían para deshacerlas. La globalización capitalista consiste, después de todo, en mercados, corporaciones, y obviamente en estructuras de clases. En realidad, para substituir la globalización capitalista, y no para atenuar apenas sus efectos, tendrías que comenzar por substituir también el capitalismo. En el nuevo sistema, todos los ciudadanos serían dueños del lugar donde trabajan a partes iguales. Eso no reportaría ningún derecho o renta especial. Bill Gates poseería una parte igual a la de los demás en los medios de producción de software. Todos seríamos sus propietarios, o lo que es equivalente, dicho de otro modo, nadie sería el propietario. La propiedad como argumento para determinar la distribución de la renta, la riqueza, o el poder, perdería su validez. De esta manera el daño que causa la propiedad privada, tal como la acumulación personal de inmensas riquezas, desaparecería.

Necesitamos una visión económica válida para las necesidades locales e internacionales que todos puedan entender, elaborar y hacerla propia. La necesitamos para generar esperanza, para proporcionar inspiración, para revelar qué es posible y vale la pena y para orientar y también democratizar nuestras estrategias para que nos puedan llevar a donde deseamos, en vez de mantenernos en un círculo cerrado o llevarnos a una situación aún peor de la que actualmente padecemos.

APÉNDICE 5

¿Tiene un futuro la globalización?[1]

Thomas L. Friedman

Mientras los manifestantes mimados en el Occidente siguen debatiendo y protestando sobre la globalización, los países más poblados del mundo, India y China (que representan un tercio de la humanidad), han dejado hace tiempo esa interrogante. Decidieron que abrir sus economías al intercambio de bienes y servicios es la mejor manera de sacar a su gente de la pobreza abyecta. Ahora se enfocan en simplemente cómo globalizarse en la manera más estable. Algunos prefieren ir más rápido mientras otros abogan por un retiro paulatino de los controles de moneda y subsidios. Pero el debate sobre la dirección a dónde deben ir está finalizada.

"La fatiga de la globalización todavía está en evidencia en Europa y América, mientras que en lugares como China e India, se encuentra un gran deseo de participación en el proceso de expansión económica", dice Jairam Ramesh, el principal asesor económico del Partido del Congreso Indio. "Estamos encontrando maneras de globalizar a nuestra manera. Puede significar un crecimiento un poco más lento para manejar la estabilidad social pero así será. Acabo de escuchar personas en Alemania que decían que la globalización está destruyendo a mi país y añadiendo más al problema de su pobreza. Tuve que contestarles: 'Miren si quieren discutir sobre ideología, podemos hacerlo, pero al nivel de los hechos están simplemente equivocados'".

Esa verdad es más evidente en Bangalore, el "Silicon Valley" de India, donde cientos de miles de jóvenes indios, la mayoría

---

[1] Tomado de: EL SAN JUAN STAR, 25 de septiembre de 2002, pág. 31.

de familias de clase media baja, de pronto tienen más movilidad social, motoras y apartamentos luego de asistir a escuelas técnicas y unirse a las compañías indias de programación e ingeniería que proveen apoyo e investigación para las principales compañías del mundo, gracias a la globalización. Los funcionarios de Bangalore dicen que cada empleo técnico produce 6.5 empleos de apoyo en construcción y servicios.

"La tecnología de información ha hecho millonarios de personas comunes en la India debido a su capacidad intelectual solamente, sin casta, sin tierra, sin herencia", dice Sanjay Baru, editor del *Financial Express* de la India. "India simplemente está comenzando a darse cuenta de que este proceso de globalización es donde tenemos una ventaja inherente".

¿La mayoría de los indios todavía viven en aldeas pobres? Por supuesto. ¿Necesitamos todavía hacer que la globalización sea más justa mediante la apertura de los países occidentales ricos a los productos que los países pobre pueden vender mejor, alimentos y textiles? Pues, claro.

Pero el punto es que el debate sobre la globalización resulta realmente estúpido. Se olviden de dos verdades sencillas: una, la globalización tiene sus bajas y altas pero los países que van a ella con las instituciones y gobierno correcto pueden sacar lo mejor de ella y aminorar lo peor; dos, los países que son sensibles y constantes en sus esfuerzos hacia la globalización, se están abriendo más políticamente con más oportunidades para sus ciudadanos y produciendo una generación joven más interesada en unirse al sistema mundial que en descartarlo.

APÉNDICE 6
¿Choque de civilizaciones?[1]

Samuel P. Huntington

La política mundial entra en una nueva etapa y los intelectuales no han vacilado en abundar sobre los posibles aspectos que este cambio entraña: el fin de la historia, el regreso a las rivalidades tradicionales entre las naciones-estado o la declinación de la nación-estado a causa de las contradicciones entre tribalismo y globalismo. Cada una de estas versiones da cuenta de algunos aspectos de la nueva realidad pero pasa por alto un elemento central de la política mundial de los próximos años.

La hipótesis de este artículo es que la principal fuente de conflicto en un nuevo mundo no será fundamentalmente ideológica ni económica. El carácter tanto de las grandes divisiones de la humanidad como de la fuente dominante de conflicto será cultural. Las naciones-estado seguirán siendo los agentes más poderosos en los asuntos mundiales pero en los principales conflictos políticos internacionales se enfrentarán naciones o grupos de civilizaciones distintas; el choque de civilizaciones dominará la política mundial. Las líneas de ruptura entre las civilizaciones serán los frentes de batalla del futuro.

Los conflictos entre príncipes, naciones-estado e ideologías fueron "guerras civiles occidentales". Esto es verdad tanto con respecto a la Guerra Fría como a las guerras mundiales del siglo XX y las guerras de los siglos XVII, XVIII y XIX. Con el fin de la Guerra Fría, la política internacional abandonó su fase occidental y su eje pasó a ser la interacción entre la civilización occidental y

---

[1] Tomado de: FOREIGN AFFAIRS en español, verano de 1993 (extractos).

las civilizaciones no occidentales. Ya no es pertinente la división tripartida de primer, segundo y tercer mundo. Hoy es mucho más lógico agrupar a los países en función de su cultura y civilización que hacerlo según sus sistemas políticos y económicos o por su grado de desarrollo.

¿Qué significa "civilización"? Una civilización es una entidad cultural. Aldeas, regiones, grupos étnicos, nacionalidades y grupos religiosos tienen todos culturas distintas con niveles diferentes de heterogeneidad cultural. La cultura de una aldea del sur de Italia puede diferir de la de una aldea del norte pero ambas compartirán una cultura italiana común que las distinguirá de las aldeas alemanas. Las comunidades europeas, a su vez, compartirán características culturales que las distinguirán de las comunidades árabes o chinas. Pero los árabes, chinos y occidentales no integran ninguna entidad cultural más amplia. Constituyen civilizaciones. Una civilización es, por tanto, la organización cultural más alta. Se define tanto por elementos objetivos comunes (idioma, historia, religión, costumbres, instituciones) como por autoidentificación subjetiva de la gente. Las personas tienen niveles de identidad: un residente de Roma puede definirse, con diversos grados de intensidad, como romano, italiano, católico, cristiano, europeo, occidental. El nivel más amplio con el que se identifique intensamente es la civilización a la que pertenece. Las personas pueden redefinir sus identidades y, como resultado de ello, la composición y las fronteras de las civilizaciones cambian.

La identidad de civilización será cada vez más importante en el futuro y el mundo estará conformado en gran medida por la interacción de siete u ocho civilizaciones principales: occidental, confuciana, japonesa, islámica, hindú, esclava ortodoxa, latinoamericana y, posiblemente, la africana. Los conflictos más importantes del futuro se producirán en las líneas de ruptura que separan a estas civilizaciones unas de otras. ¿Por qué será así? Primero, las diferencias entre las civilizaciones no son sólo reales sino fundamentales. Las civilizaciones se diferencian entre sí por su historia, idioma, cultura, tradición y, lo más importante, por su religión. Segundo, el mundo se va haciendo más pequeño. Aumentan las interacciones entre pueblos de distintas civilizaciones que intensifican la conciencia de la propia civilización y de las diferencias y similitudes con las restantes. Tercero, los procesos de modernización económica y cambio social tienen en todo el mundo el efecto de separar a la gente de sus viejas identidades locales, debilitando a la nación-estado como fuente de la identidad. Cuarto, es cierto que el Occidente se encuentra en la cúspide del poder. Pero como resultado, están surgiendo movimientos a favor de la "asiatización" de Japón, la "hinduización" de la India, la "reislamización" del Medio Oriente, además de un rechazo de las ideas occidentales del socialismo y el nacionalismo. Quinto, las características y diferencias culturales cambian menos que los problemas o rasgos políticos y económicos y, por ende, resultan menos fáciles de resolver. Por último, el regionalismo económico aumenta y su éxito reforzará la conciencia de la propia civilización.

El Occidente vive en estos momentos un apogeo extraordinario de poder en relación con las demás civilizaciones. La superpotencia rival desapareció del mapa. Un conflicto armado entre estados occidentales es inconcebible y su poderío militar es inigualable. Aparte de Japón, Occidente no enfrenta desafío económico alguno. Domina las instituciones políticas y de seguridad internacionales y, junto con Japón, las instituciones económicas internacionales. Estados Unidos, Gran Bretaña y Francia resuelven los problemas de política y de seguridad internacionales; Estados Unidos, Alemania y Japón, los problemas económicos y todos juntos mantienen entre sí relaciones extraordinariamente estrechas. Las decisiones del Consejo de Seguridad de las Naciones Unidas (ONU) o del Fondo Monetario Internacional (FMI), reflejos de los intereses de Occidente, se presentan al mundo como respuesta a los deseos de la comunidad mundial. La misma frase "comunidad mundial" se ha convertido en un eufemismo colectivo (que sustituye a "Mundo Libre") para dar legitimidad mundial a medidas que reflejan los intereses de Estados Unidos y otras potencias occidentales. Mediante el FMI y otras instituciones económicas internacionales, Occidente promueve sus intereses económicos e impone a otros países las políticas económicas que considera convenientes.

Las diferencias de poder y las luchas por el poderío militar, económico e institucional son, pues, una fuente de conflicto entre Occidente y otras civilizaciones. Las diferencias de cultura, es decir, de valores y creencias fundamentales son una segunda fuente de conflicto. Gran parte de la cultura occidental ha permeado al resto del mundo. A nivel más profundo, sin embargo, los conceptos occidentales difieren de modo fundamental de los que prevalecen en otras civilizaciones. Las ideas occidentales sobre individualismo, liberalismo, constitucionalismo, derechos humanos, igualdad, libertad, imperio de la ley, democracia, mercados libres o separación de iglesia y estado suelen tener poca resonancia en culturas como la islámica, la confuciana, la japonesa, la hindú, la budista o la ortodoxa. Los intentos occidentales de propagar estas ideas producen una reacción en contra del "imperialismo de los derechos humanos" y una reafirmación de los valores autóctonos, como puede verse en el apoyo que las generaciones jóvenes del mundo no occidental dan al fundamentalismo religioso. El concepto mismo de "civilización universal" es una idea occidental que contrasta con la singularidad de la mayoría de las sociedades asiáticas y su insistencia en lo que distingue a un pueblo de otro. En la esfera política, estas diferencias se manifiestan especialmente en los intentos de Estados Unidos y otras potencias occidentales de inducir a otros pueblos a adoptar ideas sobre la democracia y los derechos humanos. El sistema de gobierno democrático moderno se originó en Occidente. Cuando se ha desarrollado en sociedades no occidentales, por lo general ha sido producto del colonialismo o la imposición de Occidente.

En este artículo no se sostiene que las identidades de civilización sustituirán a todas las demás identidades, que las naciones-estados desaparecerán, que cada civilización se convertirá en una entidad política coherente única, que los grupos en una civilización no entrarán en conflicto entre sí y ni siquiera que no lucharán unos con otros. Pero sí surgen hipótesis según las cuales las diferencias entre civilizaciones son reales e importantes; la conciencia de la propia civilización aumenta; el conflicto entre civilizaciones sustituirá al conflicto ideológico y a otro tipos de conflicto como formas mundialmente dominantes; las relaciones internacionales, históricamente un juego desarrollado dentro del marco de la civilización occidental, se harán cada vez menos occidentales y se convertirán en un juego en que las civilizaciones no occidentales serán cada vez más activas y no ya meros objetos. También, según esas hipótesis, es más probable que las instituciones internacionales exitosas, en los ámbitos político, económico y de seguridad, se desarrollen dentro del marco de cada civilización y no entre dos distintas; los conflictos entre grupos de distintas civilizaciones serán más frecuentes, prolongados y violentos que los conflictos entre grupos de una misma civilización; los conflictos violentos entre grupos de distintas civilizaciones constituirán la fuente más probable y peligrosa de enfrentamientos que puedan crecer hasta convertirse en guerras mundiales; el eje primordial de la política mundial será las relaciones entre el Occidente y el resto del mundo; las élites de algunos países no occidentales escindidos intentarán hacer de sus países parte de Occidente pero en la mayoría de los casos enfrentarán grandes obstáculos para lograrlo. En el futuro inmediato, un importante foco de conflicto se ubicará entre Occidente y varios estados islámico-confucianos.

A corto plazo, resulta claro que es de interés para Occidente promover una mayor cooperación y unidad dentro de su propia civilización, especialmente entre sus componentes europeo y norteamericano; incorporar a Europa Oriental y a América Latina cuyas culturas no se oponen a la occidental; promover y mantener relaciones de cooperación con Rusia y Japón; impedir que conflictos locales entre civilizaciones se conviertan en guerras importantes; limitar la expansión de la fuerza militar de los estados confucianos e islámicos; moderar la reducción del poderío militar occidental y mantener la superioridad militar en el este y sudoeste asiático; aprovechar las diferencias y los conflictos entre los estados confucianos e islámicos; apoyar a grupos de otras civilizaciones que muestren una inclinación hacia los valores e intereses de Occidente; fortalecer las instituciones internacionales que reflejen y legitimen los intereses y valores de Occidente y promover la participación de los estados no occidentales en esas instituciones.

A largo plazo, se necesitarían otras medidas. La civilización occidental es occidental y moderna. Las civilizaciones no occidentales han intentado hacerse modernas sin hacerse occidentales. Hasta ahora, sólo Japón lo ha logrado. Las civilizaciones no occidentales seguirán intentando adquirir riqueza, tecnología, habilidades, máquinas y armamentos que forman parte del concepto de modernidad. Intentarán, también, reconciliar esta modernidad con su cultura y sus valores tradicionales. Su poderío económico y militar relativo aumentará. Por ende, Occidente deberá considerar cada vez más a estas civilizaciones modernas no occidentales cuyo poderío se acercará al suyo pero con cuyos valores e intereses difieren de modo importante. Esto exigirá que Occidente mantenga el poderío económico y militar necesario para proteger sus intereses frente a estas civilizaciones. También, sin embargo, exigirá que desarrolle una comprensión más profunda de los supuestos religiosos y filosóficos fundamentales de otras civilizaciones y del modo en que sus integrantes contemplan sus intereses. Se requerirá un esfuerzo para identificar elementos comunes entre Occidente y otras civilizaciones. En el futuro no habrá una civilización universal sino un mundo de civilizaciones distintas y cada una de ellas deberá aprender a convivir con las demás.

APÉNDICE 7

La cuestión de nacionalidades

Rubén Berríos Martínez

De entrada debemos reconocer la distinción fundamental entre los conceptos originales de nación y nacionalidad, que se refieren básicamente a una entidad social y cultural, y el concepto de nación estado, que se refiere básicamente a una organización política territorial que pudiera estar compuesta por una o varias nacionalidades.

La definición clásica de nación es aquella incluida en el diccionario de la Academia Española desde 1925:

Una colectividad de personas que tiene el mismo origen étnico y que en general habla un lenguaje común y posee una tradición común.

Otras características comúnmente asociadas con la nación o con la nacionalidad son territorio, historia, símbolos y rituales comunes y fidelitas, o lealtad primaria a nuestra propia nacionalidad. Por eso es que en las lenguas romances, de las que son indígenas las palabras «nación» y «nacionalidad», la raíz de esas palabras se refiere a «origen» o «descendencia»—*natio* en latín. Herodoto, por ejemplo, consideraba a los griegos como un solo «pueblo», porque aunque carecían de unidad política, tenían origen y descendencia comunes, lengua común, costumbres y modo de vida comunes, y dioses comunes.

Contrario al concepto de «nacionalidad» o de «un pueblo», la nación-estado moderna es producto de la Europa posterior al siglo 17. Para fines del siglo 18 y comienzos del siglo 19, principalmente como consecuencia de las revoluciones francesa y americana, el término «nacionalidad» se confundió con el término ciudadanía; y nación-estado se confundió con el término «nación», que también vino a interpretarse como un cuerpo de ciudadanos cuya voluntad política o soberanía encontraban expresión en un estado político. Cuando los franceses o americanos hablaban de «nosotros el pueblo» se estaban refiriendo a los ciudadanos de Francia o de Estados Unidos y no necesariamente al concepto clásico de pueblo en el sentido étnico o lingüístico. El lenguaje, por ejemplo, no diferenciaba a las trece colonias de Inglaterra; y en Francia, muchos ciudadanos franceses, como los bretones o corsos, ni hablaban francés ni pertenecían a la misma cepa étnica de otros ciudadanos franceses. Más aún, las viejas naciones-estados como Bretaña, España o Francia, eran estados multiétnicos o multinacionales compuestos por diferentes nacionalidades, una de las cuales colocó a las demás bajo su control.

Debe recordarse también que la mayoría de los ideólogos del siglo 19, tanto liberales como marxistas, consideraban despectivamente las características culturales y lingüísticas de pequeñas nacionalidades como «una vieja pieza heredada de mobiliario familiar», en palabras del teórico marxista Karl Kaustsky. Iban tan lejos como argumentar que sólo las nacionalidades grandes o viables tenían el derecho de establecer naciones-estados. Podría resultar una sorpresa conocer que Mazzini, el padre del nacionalismo italiano, no favoreció la independencia para Irlanda por el tamaño pequeño de esa nación. Pero no debemos ser injustos con Kautsky o Mazzini. Una economía nacional grande y una lengua ampliamente hablada eran consideradas entonces necesarias para promover la eficiencia económica y para mantener un alto nivel de cultura lingüística. Ambas eran vistas como elementos indispensables de progreso que sólo podían ser alcanzados por una nacionalidad pequeña a través de su absorción o asimilación a la economía, el lenguaje y la cultura de una nacionalidad mayor.

> *Nadie lo dijo con mayor desprecio y desdén que John Stuart Mill: Nadie puede suponer que no es más beneficioso para un bretón o un vasco de la Navarra francesa ser...un miembro de la nacionalidad francesa, admitido en términos iguales a todos los privilegios de la ciudadanía francesa...que enfurruñarse en sus propias rocas, la reliquia medio salvaje de tiempos pasados, revolviéndose en su pequeña órbita mental, sin participación o interés en el movimiento general del mundo. El mismo comentario aplica al galés o al montañés escocés como miembros de la nación británica.*

En cualquier caso, aquellos que se oponían a esa sabiduría convencional podían siempre ser sometidos a través del uso de la fuerza por la nacionalidad más poderosa, como en el caso de Irlanda. Así, grandes, poderosas nacionalidades no sólo asimilaron y oprimieron a pequeñas nacionalidades sino que pretendieron incluso apropiarse del término «nación» para su uso exclusivo. Fue sólo luego de luchas continuas y a través del esfuerzo de, entre otros, el Presidente Woodrow Wilson, que nacionalidades pequeñas (o al menos nacionalidades europeas pequeñas) comenzaron, luego de la Primera Guerra Mundial, a rescatar sus derechos nacionales y exitosamente reclamar su derecho a establecer sus propias naciones-estados. Ha sido en la segunda parte del presente siglo, como consecuencia de las luchas de descolonización y la resistencia de nacionalidades pequeñas y oprimidas en Europa y otros continentes, que el derecho a la autodeterminación—y efectivamente, el derecho de todas las nacionalidades, grandes y pequeñas, a existir—ha sido finalmente reconocido como un derecho humano fundamental.

Más aún, se ha establecido una clara distinción entre el concepto de nacionalismo para propósitos ofensivos y expansionistas, y el nacionalismo como un instrumento defensivo y liberador.

Hoy las nacionalidades se han convertido en una de las más poderosas fuerzas en la política mundial, y los viejos argumentos que consideraban que el tamaño y la lengua de las nacionalidades pequeñas eran limitaciones al establecimiento de naciones-estados, se han tornado cada vez más irrelevantes. La internacionalización del comercio mundial, el desarrollo de mercados comunes, las áreas de comercio libre, y otros acuerdos comerciales, así como la proliferación de corporaciones y bancos transnacionales, la revolución en la comunicación y en las tecnologías de transportación y la extensión de «linguas francas»—como inglés, español y francés—hacen de los argumentos de tamaño y lenguaje unos pasados de tiempo y sin sentido. Ni que decir, estas mismas fuerzas históricas también estimulan una mejor cooperación y coordinación entre las naciones.

Finalmente, por todo lo dicho anteriormente, conviene recordar la poderosa advertencia de Edmund Burke:

Una nación no es sólo una idea de agregación individual momentánea...es una idea de continuidad. Es una elección pausada de los tiempos y las generaciones. No es una asociación en cosas útiles sólo a la existencia total animal, de naturaleza temporal y perecedera... Es...una asociación no sólo entre aquellos que están viviendo, sino también entre aquellos que están muertos y aquellos que están por nacer.

APÉNDICE 8

El terrorismo[1]

Angel González Gil

El terrorismo es un fenómeno social actual e inquietante. Se da en distintos países de diversos hemisferios. Organismos internacionales y conferencias continentales lo tienen en la agenda permanente de estudio y es la preocupación prioritaria de sus miembros. Una reflexión sobre el terrorismo exige mente serena y lúcida. Presupone diferenciarlo de los movimientos de liberación nacional y el contexto de un estado de pleno derecho con un pueblo real y ciertamente soberano, protagonista libre y actor en la vida nacional y de su destino.

El terrorismo, como el frío o el calor, no necesita definición. Se siente o se sufre. Sólo hay una cosa cierta: el terrorismo es terror y el terror es ajeno y contrario a la naturaleza civilizada del hombre. El terrorismo no es fruto de impulsos ciegos de la bestia humana, ni de la inmadurez irreflexiva, ni de la suspensión ocasional del juicio. Es más bien producto de una lógica rigurosa, consecuencia de una formulación intelectual estricta y coherente. Los atentados, los secuestros, los asaltos violentos quieren ser la exteriorización necesaria de la filosofía del terror, sintetizada en aquel grito, frecuentemente repetido: "nadie es inocente".

Según esta filosofía, la sociedad global comparte la culpa de la injusticia económica, social, cultural y política que debe ser vengada, castigada y corregida mediante la violencia. La violencia, desde una visión alucinante y mística, deviene en el único instrumento que obliga a desenmascararse a las clases dominantes. Erradica las creencias del alma popular, creadas por los

[1] Tomado de: HOMINES, Vol. 6, Núm. 1 (enero-junio), 1982

dominadores, de que la injusticia se redime por procedimientos legales y pacíficos y muestra claramente la naturaleza represora y brutal de la sociedad.

Pero, ¿cómo es posible el terrorismo en las democracias?, se preguntan algunos. Por principio, en un régimen democrático todas las fuerzas sociopolíticas están representadas, circula información libre e independiente; las ideologías tienen sus órganos propios, todos los problemas son debatibles, y el gobierno es criticado y removido mediante elecciones libres y periódicas. No obstante, para el terrorista, vivir en democracia y libertad es un espejismo falaz, una conspiración maquiavélica montada por los explotadores para tener resignados a los explotados. Elecciones libres, prensa libre, derecho de crítica, sindicatos libres, cámaras parlamentarias libres no son más que trampas y simulacros que disfrazan la violencia estructural de la sociedad y ciegan a las víctimas de la clase opresora para que no descubran los crímenes que se cometen contra ellas. Los actos de violencia son de los pocos contra los más, de los poseedores contra los desposeídos. El hambre de los pobres y los desocupados, la ignorancia de los analfabetos, la vida mísera y miserable sin horizonte y sin esperanza, ésta es la verdad que el terrorista pretende iluminar con el incendio de los atentados. La democracia, con sus libertades formales, es un engañoso fraude porque adormece la rebeldía de las masas frente a su deplorable condición, desactiva la voluntad de liberación colectiva y retrasa indefinidamente la revolución.

El terrorista conoce bien sus fines. Sabe bien, muy bien, que volando puentes, bancos y embajadas no trae la sociedad igualitaria ni desencadena un proceso revolucionario. Su fin es provocar la represión, generar una espiral de violencia creciente que degenere en el laberinto de violencia contra violencia, obligar a un régimen democrático a envilecerse dejando de lado los métodos legales. En fin, el terrorismo, creyendo actuar en nombre de las víctimas, hostiga al poder político legal y desea que el estado atropelle y abuse de los ciudadanos, convirtiéndolos en víctimas durante la búsqueda y captura de los culpables. Lo que busca, en definitiva, es que las cárceles se llenen de inocentes, que mueran obreros, campesinos y estudiantes, que intervenga el ejército cruentamente, que se suspendan las libertades y se proclamen las leyes de excepción.

Sin embargo, no es cierto que la violencia estructural de la sociedad no sea rectificable a través de la ley y en régimen de convivencia libre y democrática. La experiencia histórica reciente y presente demuestra que los países de más alto nivel de vida civilizada en el mundo así lo lograron y no por la via de la violencia. Una minoría decidida y frecuentemente fanática, mediante el atentado sistemático, programado y selectivo, puede crear una situación de inseguridad nacional, hacer que la democracia se envilezca y se esfume, eliminar gobiernos democráticos y sustituirlos por otros autoritarios. Pero el mayor peligro para un gobierno democrático, aun siendo deplorables y dolorosos, no son los atentados sino caer en las reglas de juego del terror. El riesgo grave y letal sería intimidarse o excederse.

Un gobierno democrático está obligado a defenderse con firmeza, sin complejos de inferioridad porque, defendiéndose, defiende a la sociedad de un mal peor que el que padece. No debe olvidarse que su fuerza depende y se apoya en su legitimidad. Por ello, no puede ir más allá de la ley. Debe actuar con la ley y dentro de la ley. La forma de actuación es fundamental, pues el estilo también entra en la esencia de la democracia. Mas, si se excede en el uso del poder, si comete abusos, si se vale de atropellos, si hace caso omiso de los valores humanos de derecho natural en razón de la eficacia, podrá derrotar al terrorismo; pero éste habrá ganado, mostrando y demostrando la monstruosidad que anida en el sistema. El terrorismo sería vencido pero el pueblo no quedaría convencido. Es más, quedaría confuso y confundido al constatar la facticidad de los principios ideológicos del terrorismo: que la justicia pasa necesariamente por la injusticia y que el camino hacia la libertad es la dictadura. En este caso, irónicamente, el terrorismo vencido sería el triunfador moral por la victoria de sus ideas.

APÉNDICE 9

La ley de la pobreza[1]

Hernando de Soto

Imaginen un país cuyas leyes que rigen los derechos de propiedad son tan deficientes que nadie puede identificar quién es dueño de qué, las direcciones domiciliarias no pueden ser fácilmente verificadas, la gente no puede ser obligada a pagar sus deudas— un sistema donde nadie puede usar su casa o empresa para garantizar créditos. Imaginen un sistema de propiedad donde no se puede dividir una empresa productiva en acciones para venderse a otros inversionistas, donde ni siquiera existe una forma estandarizada y comercialmente útil para describir los activos.

¡Bienvenidos a la vida cotidiana del Tercer Mundo, donde vive más del 80 por ciento de la humanidad! Sus condiciones de vida son la encarnación misma de una paradoja: supuestamente, el capitalismo debería ser la solución para el subdesarrollo global pero hasta ahora no ha tenido la oportunidad para demostrarlo. Peor aún, ni siquiera se ha intentado. En la economía capitalista toda operación se basa en las leyes de la propiedad y sus transacciones pero las leyes sobre la propiedad del Tercer Mundo excluyen los activos y transacciones del 80 por ciento de la población. Los desposeídos están tan separados de la actividad económica como alguna vez lo estuvieron negros de blancos bajo el apartheid sudafricano.

¿Por qué es esto tan importante? Los programas convencionales de reformas macroeconómicas siempre pasaron por alto a los pobres, partiendo de la suposición de que no poseen recursos

---

[1] Tomado de la revista TIME (Voces de América Latina), 2000.

sobre los cuales se puede generar un valor adicional. Craso error: Recientemente completé con mi equipo de investigadores varios estudios de las economías subterráneas del Tercer Mundo y la conclusión es que, en realidad, los desposeídos no son tan pobres. En el Perú, sus activos ascienden a unos 90,000 millones de dólares, 11 veces más que todos los títulos de la Bolsa de Valores de Lima y 40 veces más que el total de ayuda extranjera que ha recibido el país desde la Segunda Guerra Mundial. En México, el monto estimado es de 315,000 millones, 7 veces más que el valor de PEMEX, la empresa petrolera nacional.

El verdadero problema es que no se permite a los pobres y a las clases medias bajas usar sus activos tal como los usan los ricos. Uno de los mayores desafíos políticos del Tercer Mundo es hacer que estos bienes pasen del sector "extralegal", en el que están ahora, a un régimen de propiedad legal menos excluyente en el que puedan ser más productivos para todos, además de generar capital para sus propietarios.

Los gobiernos del Tercer Mundo ya han demostrado que es posible reformar sistemas de propiedad deficientes, al menos cuando se trata de los ricos. Por ejemplo, en 1990 la Compañía Peruana de Teléfonos (CPT) se cotizaba en la Bolsa de Valores de Lima por un total de 53 millones de dólares. Pero el gobierno no podía vender la CPT a inversionistas extranjeros por problemas con el título de propiedad sobre muchos de sus activos. Los peruanos decidieron reunir a un equipo estelar de juristas para crear un título legal acorde con las normas estandarizadas de propiedad que requiere la economía global. Como resultado, la propiedad pudo convertirse fácilmente en acciones. Se elaboraron normas para proteger los intereses de terceros y generar suficiente confianza como para atraer créditos e inversiones. Los juristas, también, diseñaron leyes para litigar en disputas patrimoniales sorteando a los engorrosos y corruptos tribunales peruanos. Tres años más tarde, la CPT entraba al mundo del capital líquido vendiéndose por un total de 2,000 millones de dólares o 37 veces su valoración inicial de mercado. Hasta ese grado llega el poder de un buen sistema de propiedad.

Para que los desposeídos reciban títulos legales por sus activos y cuenten con mecanismos para liberar su capital potencial, es necesario saber lo que realmente poseen. ¿Cómo hacerlo? Hace nueve años el gobierno de Indonesia me invitó como asesor para identificar los activos que conforman el sector extralegal en el que vive el 90 por ciento de la población del país. Yo distaba de ser un experto en este país pero, al pasear por los arrozales de la hermosa isla de Bali, noté que siempre que entraba en una propiedad diferente me ladraba un perro distinto. Los perros no necesitaban un doctorado en derecho para saber cuáles eran los activos de sus amos. Así que aconsejé al gobierno que empezara por "escuchar los ladridos". El "derecho del pueblo", respondió uno de los ministros.

La historia del capitalismo occidental narra cómo los gobiernos, durante cientos de años, fueron adaptando el "derecho del pueblo" a reglamentos y códigos uniformes que todos pudieran entender y respetar. Las propiedades representadas por perros, cercas y guardias armados pasaron a representarse mediante registros, títulos y acciones. Una vez que Occidente logró enfocar el título de propiedad de una casa en vez de la casa en sí, obtuvo una enorme ventaja sobre el resto de la humanidad. Los títulos, acciones y leyes patrimoniales permitieron considerar los bienes no sólo por lo que son (una casa como refugio) sino por lo que podrían ser (una garantía para obtener crédito y así iniciar o expandir una empresa). Casi sin darse cuenta, mediante sistemas de propiedad estandarizados que integran a todos, las naciones de Occidente crearon una escalera que permitió a sus ciudadanos subir del caótico sótano del mundo material al universo representativo donde se crea capital. Lejos de que los pobres sean un problema son, en realidad, la solución. Y ahora es el momento preciso para que sean los políticos que así piensan, y no las élites jurídicas, quienes se encarguen de la definición de propiedad.

APÉNDICE 10

El sueño del emigrante

Francisco Goldman

Todos los días leo desde Nueva York la edición de Internet de un diario guatemalteco. Así me enteré que recientemente se inauguró una clínica para pacientes de escasos recursos en la población de Mazatenango. Esto es un hecho por sí mismo notable puesto que, hoy en día, el gobierno de Guatemala no puede darse el lujo de construir tales instalaciones. El presidente Alfonso Portillo Cabrera, cuando fue elegido, admitió que recibía una administración tan arruinada que su existencia misma era puramente nominal. Como en muchas otras naciones latinoamericanas, las élites guatemaltecas pagan pocos impuestos y los dineros que logran llegar hasta las arcas estatales son muchas veces saqueados por la corrupción. ¿De dónde provienen, entonces, los fondos para financiar la clínica? Fueron reunidos por nativos de Mazatenango que viven actualmente en California.

Pecaría de optimista si quisiera indicar que esta magnífica ocurrencia es parte de una tendencia generalizada. Pero sí indica el impacto que está comenzando a ejercer la diáspora guatemalteca. Hoy en día uno de cada 10 guatemaltecos vive en Estados Unidos y el dinero que remiten a sus familias en Guatemala casi equivale a los ingresos obtenidos por la producción nacional de café. Pero esta producción está en manos de unos cuantos mientras que los dólares remitidos circulan, se gastan, incluso se invierten en pequeñas empresas.

Siempre se había creído que la emigración masiva de Europa hacia las Américas era en realidad un rechazo a los prejuicios e instituciones del Viejo Mundo y que se iba a las Américas (incluyendo Guatemala) en busca de más libertad y oportunidades. ¿Acaso las últimas emigraciones de latinoamericanos hacia Estados Unidos marcan el final del sueño americano a nivel hemisférico? De cierto modo, así es. Pero también es parte de un nuevo sueño americano que significaría un buen presagio para el futuro.

En Guatemala, como en el resto de Latinoamérica, la clase social está relacionada con la raza: en general, mientras más indio o africano se es, más marginado se está. Y, generalmente, son los marginados quienes emigran. Pero hay diferencias importantes: los europeos que emigraron a las Américas se resignaban a cortar sus vínculos con el pasado. No así con los emigrantes latinoamericanos a EE.UU. La proximidad geográfica, la facilidad de viajar por avión y las fronteras permeables permiten ir y volver fácilmente. También permiten soñar con jugosas ganancias para volver a casa como persona próspera o ingeniárselas para vivir tanto en el país como en el extranjero. La importancia política y económica de este fenómeno es obvia: vivir en EE.UU. no sólo cambia las vidas de los inmigrantes sino que también afecta los rígidos patrones culturales y sociales de sus países latinoamericanos natales.

Hace poco visité un enclave de jóvenes guatemaltecos provenientes de Santa Cruz del K'iche, quienes viven ni más ni menos que en los Hamptons, uno de los más exclusivos centros turísticos neoyorquinos. Ahí conocí a un adolescente llamado Alfonso, un inmigrante ilegal que desde hace algunos años trabaja como asistente de un contratista de construcciones. Alfonso ya está pensando en el día en que trabajará por su cuenta y aún no ha decidido si lo hará en Guatemala o Estados Unidos. Nunca habría tenido estas opciones en las montañas de K'iche.

Los mandatarios guatemaltecos, tanto los políticos del país como los líderes comunitarios en EE.UU., ya están comenzando a aceptar la idea de un destino común para sus compatriotas en ambos países. En San Francisco, la Coalición de Emigrantes Guatemaltecos Unidos inició conversaciones con el gobierno de Guatemala para apoyar a los inmigrantes en EE.UU. Paralelamente, el gobierno guatemalteco ha anunciado planes para alfabetizar a sus nativos que residen en los Estados Unidos. Sería una extraordinaria ironía que los guatemaltecos más pobres, marginados durante tanto tiempo en su país natal, comenzaran a recibir apoyo educativo de su gobierno ahora que ya no están en casa.

En algún momento, los inmigrantes y sus hijos pasarán a las clases medias y los fondos que remitan ayudarán a sostener la economía de su país. Esta afluencia proyectará una imagen a todo el continente: quienes antes eran casi invisibles, morenos pobres en países llenos de morenos pobres, se harán súbita y claramente visibles.

Y vean lo que puede pasar: inspirados por el amor y el orgullo, estos antiguos marginados recaudan fondos para construir un hospital en la desposeída ciudad en que nacieron. Son ahora los filántropos adinerados que Guatemala nunca tuvo.

APÉNDICE 11

Declaración universal de derechos humanos

Aprobada y proclamada por la Asamblea General de las
Naciones Unidas el 10 de diciembre de 1948

*El 10 DE DICIEMBRE DE 1948 la Asamblea General de las
Naciones Unidas aprobó y proclamó la Declaración Universal de
Derechos Humanos, cuyo texto completo aparece en las siguientes páginas. A continuación de ese acto histórico, recomendó la
Asamblea a todos los Estados Miembros que publicaran el texto
de la Declaración y procuraran que fuese "divulgada, expuesta,
leída y comentada", principalmente en las escuelas y demás
establecimientos de enseñanza, sin distinción alguna, basada en
la situación política de los países o de los territorios.*

DECLARACIÓN UNIVERSAL DE DERECHOS HUMANOS

Preámbulo

Considerando que la libertad, la justicia y la paz en el mundo
tienen por base el reconocimiento de la dignidad intrínseca y de
los derechos iguales e inalienables de todos los miembros de la
familia humana;

Considerando que el desconocimiento y el menosprecio de
los derechos humanos han originado actos de barbarie ultrajan-
tes para la conciencia de la humanidad; y que se ha proclamado,
como la aspiración más elevada del hombre, el advenimiento de
un mundo en que los seres humanos, liberados del temor y de
la miseria, disfruten de la libertad de palabra y de la libertad de
creencias;

Considerando esencial que los derechos humanos sean pro-
tegidos por un régimen de Derechos, a fin de que el hombre no

se vea compelido al supremo recurso de la rebelión contra la tiranía y la opresión;

Considerando también esencial promover el desarrollo de relaciones amistosas entre las naciones;

Considerando que los pueblos de la Naciones Unidas han reafirmado en la Carta, su fe en los derechos fundamentales del hombre, en la dignidad y el valor de la persona humana y en la igualdad de derechos de hombres y mujeres; y se han declarado resueltos a promover el progreso social y a elevar el nivel de vida dentro de un concepto más amplio de la libertad.;

Considerando que los Estados Miembros se han comprometido a asegurar, en cooperación con la Organización de las Naciones Unidas, el respeto universal y efectivo a los derechos y libertades fundamentales del hombre; y

Considerando que una concepción común de estos derechos y libertades es de la mayor importancia para el pleno cumplimiento de dicho compromiso;

LA ASAMBLEA GENERAL

proclama la presente

DECLARACIÓN UNIVERSAL DE DERECHOS HUMANOS

como ideal común por el que todos los pueblos y naciones deben esforzarse, a fin de que tanto los individuos como las instituciones, inspirándose constantemente en ella, promuevan, mediante la enseñanza y la educación, el respeto a estos derechos y libertades, y aseguren, por medidas progresivas de carácter nacional e internacional, su reconocimiento y aplicación universales y efectivos, tanto entre los pueblos de los Estados Miembros como entre los de los territorios colocados bajo su jurisdicción.

Artículo 1

Todos los seres humanos nacen libres e iguales en dignidad y derechos y, dotados como están de razón y conciencia, deben comportarse fraternalmente los unos con los otros.

Artículo 2

1. Toda persona tiene todos los derechos y libertades proclamados en esta Declaración, sin distinción alguna de raza, color, sexo, idioma, religión, opinión política o de cualquier otra índole, origen nacional o social, posición económica, nacimiento o cualquier otra condición.

2. Además, no se hará distinción alguna fundada en la condición política, jurídica o internacional del país o territorio de cuya jurisdicción dependa una persona, tanto si se trata de un país independiente, como de un territorio bajo administración fiduciaria, no autónomo o sometido a cualquier otra limitación de soberanía.

Artículo 3

Todo individuo tiene derecho a la vida, a la libertad y a la seguridad de su persona.

Artículo 4

Nadie estará sometido a esclavitud ni a servidumbre; la esclavitud y la trata de esclavos están prohibidas en todas sus formas.

Artículo 5

Nadie será sometido a torturas ni a penas o tratos crueles, inhumanos o degradantes.

Artículo 6

Todo ser humano tiene derecho, en todas partes, al reconocimiento de su personalidad jurídica.

Artículo 7

Todos son iguales ante la ley y tienen, sin distinción, derecho a igual protección de la ley. Todos tienen derecho a igual protección contra toda discriminación que infrinja esta Declaración y contra toda provocación a tal discriminación.

Artículo 8

Toda persona tiene derecho a un recurso efectivo, ante los tribunales nacionales competentes, que la ampare contra actos que violen sus derechos fundamentales reconocidos por la constitución o por la ley.

Artículo 9

Nadie podrá ser arbitrariamente detenido, preso ni desterrado.

Artículo 10

Toda persona tiene derechos, en condiciones de plena igualdad, a ser oída públicamente y con justicia por un tribunal independiente e imparcial, para la determinación de sus derechos y obligaciones o para el examen de cualquier acusación contra ella en materia penal.

Artículo 11

1. Toda persona acusada de delito tiene derecho a que se presuma su inocencia mientras no se pruebe su culpabilidad, conforme a la ley y en juicio público en el que se le hayan asegurado todas las garantías necesarias para su defensa.

2. Nadie será condenado por actos u omisiones que en el momento de cometerse no fueron delictivos según el Derecho nacional o internacional. Tampoco se impondrá pena en el momento de la comisión del delito.

Artículo 12

Nadie será objeto de ingerencias arbitrarias en su vida privada, su familia, su domicilio o su correspondencia, ni de ataques a su honra o a su reputación. Toda persona tiene derecho a la protección de la ley contra tales ingerencias o ataques.

Artículo 13

1. Toda persona tiene derecho a circular libremente y a elegir residencia en el territorio de un Estado.

2. Toda persona tiene derecho a salir de cualquier país, incluso del propio, y a regresar a su país.

Artículo 14

1. En caso de persecución, toda persona tiene derecho a buscar asilo, y a disfrutar de él, en cualquier país.

2. Este derecho no podrá ser invocado contra una acción judicial realmente originada por delitos comunes o por actos opuestos a los propósitos y principios de las Naciones Unidas.

Artículo 15

1. Toda persona tiene derecho a una nacionalidad.

2. A nadie se privará arbitrariamente de su nacionalidad ni del derecho a cambiar de nacionalidad.

Artículo 16

1. Los hombres y las mujeres, a partir de la edad núbil, tienen derecho, sin restricción alguna por motivos de raza, nacionalidad o religión, a casarse y fundar una familia; y disfrutarán de iguales derechos en cuanto al matrimonio, durante el matrimonio y en caso de disolución del matrimonio.

2. Sólo mediante libre y pleno consentimiento de los futuros esposos podrá contraerse el matrimonio.

3. La familia es el elemento natural y fundamental de la sociedad y tiene derecho a la protección de la sociedad y del Estado.

Artículo 17

1. Toda persona tiene derecho a la propiedad, individual y colectivamente.

2. Nadie será privado arbitrariamente de su propiedad.

Artículo 18

Toda persona tiene derecho a la libertad de pensamiento, de conciencia y de religión; este derecho incluye la libertad de cambiar de religión o de creencia, así como la libertad de manifestar su religión o su creencia, individual y colectivamente, tanto en público como en privado, por la enseñanza, la práctica, el culto y la observancia.

Artículo 19

Todo individuo tiene derecho a la libertad de opinión y de expresión; este derecho incluye el de no ser molestado a causa de sus opiniones, el de investigar y recibir informaciones y opiniones y el de difundirlas, sin limitación de fronteras, por cualquier medio de expresión.

Artículo 20

1. Toda persona tiene derecho a la libertad de reunión y de asociación pacíficas.

2. Nadie podrá ser obligado a pertenecer a una asociación.

Artículo 21

1. Toda persona tiene derecho a participar en el gobierno de su país, directamente o por medio de representantes libremente escogidos.

2. Toda persona tiene el derecho de acceso, en condiciones de igualdad, a las funciones públicas de su país.

3. La voluntad del pueblo es la base de la autoridad del poder público; esta voluntad se expresará mediante elecciones auténticas que habrán de celebrarse periódicamente, por sufragio universal e igual y por voto secreto y otro procedimiento equivalente que garantice la libertad del voto.

Artículo 22

Toda persona, como miembro de la sociedad, tiene derecho a la seguridad social, y a obtener, mediante el esfuerzo nacional y la cooperación internacional, habida cuenta de la organización y los recursos de cada Estado, la satisfacción de los derechos económicos, sociales y culturales, indispensables a su dignidad y al libre desarrollo de su personalidad.

Artículo 23

1. Toda persona tiene derecho al trabajo, a la libre elección de su trabajo, a condiciones equitativas y satisfactorias de trabajo y a la protección contra el desempleo.

2. Toda persona tiene derecho, sin discriminación alguna, a igual salario por trabajo igual.

3. Toda persona que trabaja tiene derecho a una remuneración equitativa y satisfactoria, que le asegure, así como a su familia, una existencia conforme a la dignidad humana y que será completada, en caso necesario, por cualesquiera otros medios de protección social.

4. Toda persona tiene derecho a fundar sindicatos y a sindicarse para la defensa de sus intereses.

Artículo 24

Toda persona tiene derecho al descanso, al disfrute del tiempo libre, a una limitación razonable de la duración del trabajo y a vacaciones periódicas pagadas.

Artículo 25

1. Toda persona tiene derecho a un nivel de vida adecuado que le asegure, así como a su familia, la salud y el bienestar, y en especial la alimentación, el vestido, la vivienda, la asistencia médica y los servicios sociales necesarios; tiene asimismo derecho a los seguros en caso de desempleo, enfermedad, invalidez, viudez, vejez u otros casos de pérdida de sus medios de subsistencia por circunstancias independientes de su voluntad.

2. La maternidad y la infancia tienen derecho a cuidados y asistencia especiales. Todos los niños, nacidos de matrimonios o fuera de matrimonio, tienen derecho a igual protección social.

Artículo 26

1. Toda persona tiene derecho a la educación. La educación debe ser gratuita, al menos en lo concerniente a la instrucción elemental y fundamental. La instrucción elemental será obligatoria. La instrucción técnica y profesional habrá de ser generalizada; el acceso a los estudios superiores será igual para todos, en función de los méritos respectivos.

2. La educación tendrá por objeto el pleno desarrollo de la personalidad humana y el fortalecimiento del respeto a los derechos humanos y a las libertades fundamentales; favorecerá la comprensión, la tolerancia y la amistad entre todas las naciones y todos los grupos éticos o religiosos; y promoverá el desarrollo de las actividades de las Naciones Unidas para el mantenimiento de la paz.

3. Los padres tendrán derecho preferente a escoger el tipo de educación que habrá de darse a sus hijos.

Artículo 27

1. Toda persona tiene derecho a tomar parte libremente en la vida cultural de la comunidad, a gozar de las artes y a participar

en el progreso científico y en los beneficios que de él resulten.

2.   Toda persona tiene derecho a la protección de los intereses morales y materiales que le correspondan por razón de las producciones científicas, literarias o artísticas de que sea autora.

Artículo 28

Toda persona tiene derecho a que se establezca un orden social e internacional en el que los derechos y libertades proclamados en esta Declaración se hagan plenamente efectivos.

Artículo 29

1.   Toda persona tiene deberes respecto a la comunidad, puesto que sólo en ella puede desarrollar libre y plenamente su personalidad.

2.   En el ejercicio de sus derechos y en el disfrute de sus libertades, toda persona estará solamente sujeta a las limitaciones establecidas por la ley con el único fin de asegurar el reconocimiento y el respeto de los derechos y libertades de los demás, y de satisfacer las justas exigencias de la moral, del orden público y del bienestar general en una sociedad democrática.

3.   Estos derechos y libertades no podrán, en ningún caso, ser ejercidos en oposición a los propósitos y principios de las Naciones Unidas.

Artículo 30

Nada en esta Declaración podrá interpretarse en el sentido de que confiere derecho alguno al Estado, a un grupo o a una persona, para emprender y desarrollar actividades o realizar actos tendentes a la supresión de cualquiera de los derechos y libertades proclamados en esta Declaración.